박문각

파이널 패스

핵심이론 +100선

박문각 공인중개사

이 혁 [2차]

부동산세법

이 책의 차례

02
부 록

01

THEMA 57

테마 1 | 부동산 활동에 따른 분류

취득 · 보유 단계만 공통	지방교육세
보유 · 양도 단계만 공통	지방소득세, 종합소득세
양도 · 취득 단계만 공통	인지세
취득 · 보유 · 양도 단계 공통	농어촌특별세, 부가가치세, 지방소비세

01 국내 소재 부동산의 양도 단계에서 부담할 수 있는 세목은 모두 몇 개인가?

> ㉠ 농어촌특별세
> ㉡ 소방분 지역자원시설세
> ㉢ 지방소득세
> ㉣ 인지세
> ㉤ 종합소득세
> ㉥ 지방교육세

① 1개 ② 2개 ③ 3개
④ 4개 ⑤ 5개

 조세의 납세의무성립 및 확정시기

1. 납세의무의 성립시기

(1) 지방세

구 분	납세의무성립(추상적)
취득세	과세물건을 취득하는 때
등록면허세	등기 또는 등록을 하는 때
재산세, 소방분 지역자원시설세	과세기준일(매년 6/1)
지방교육세	과세표준이 되는 세목의 납세의무가 성립하는 때
지방소득세	과세표준이 되는 소득세·법인세 납세의무가 성립하는 때
주민세(개인, 사업소)	과세기준일(매년 7/1)
수시부과하는 조세	수시부과 사유가 발생하는 때
무신고(과소)가산세	법정신고기한이 경과하는 때

(2) 국 세

구 분		납세의무성립
소득세	확정신고	과세기간이 끝나는 때
	예정신고	과세표준이 되는 금액이 발생한 달의 말일
	중간예납	중간예납기간이 끝나는 때
	원천징수	소득금액을 지급하는 때
종합부동산세		과세기준일(매년 6/1)
상속세		상속을 개시하는 때
증여세		증여 재산을 취득하는 때
인지세		과세문서를 작성하는 때
농어촌특별세		본세의 납세의무가 성립하는 때

2. 납세의무의 확정시기

① 신고납부 조세: 납세의무자가 과세표준과 세액을 신고하는 때(취득세, 등록면허세, 소득세)
② 부과주의 조세: 과세권자가 결정하는 때(재산세, 종합부동산세 등)

02 다음 납세의무 성립시기에 대한 내용으로 틀린 것은?

① 농어촌특별세 : 본세의 납세의무가 성립하는 때

② 원천징수하는 소득세 : 과세기간이 끝나는 때

③ 인지세 : 과세문서를 작성하는 때

④ 소방분에 대한 지역자원시설세 : 재산세 납세의무가 성립하는 때

⑤ 무신고 가산세 : 법정신고기한이 경과하는 때

03 다음 중 납세의무 성립시기와 확정시기에 대한 설명으로 옳은 것은 몇 개인가?

> ㉠ 지방교육세는 그 과세표준이 되는 세목의 납세의무가 성립하는 때 납세의무가 성립하고 수시부과에 의해 징수하는 재산세는 과세기준일에 납세의무가 성립한다.
> ㉡ 종합부동산세는 과세기간이 끝나는 때 납세의무가 성립하고 납세의무자가 신고하는 때 납세의무가 확정된다.
> ㉢ 소득세는 소득이 발생하는 때 납세의무가 성립되며 납세의무자가 신고하는 때 납세의무가 확정된다.
> ㉣ 취득세는 과세물건을 취득한 때 납세의무가 성립하고 납세의무자의 신고가 없는 경우에는 과세권자가 결정하는 때 납세의무가 확정된다.
> ㉤ 재산세는 과세기준일에 납세의무가 확정된다.
> ㉥ 중간예납하는 소득세는 매년 6월 30일에 납세의무가 성립한다.
> ㉦ 지방소득세는 소득세 법인세 납세의무가 성립하는 때 납세의무가 성립한다.
> ㉧ 개인분 또는 사업소분 주민세는 과세기준일(매년 7월 1일)에 납세의무가 성립한다.
> ㉨ 취득세 기한 후 신고를 한 경우 신고할 때 과세표준과 세액이 확정된다.
> ㉩ 납세의무자가 양도소득세를 확정신고하였으나 정부가 경정하는 경우 국세징수권을 행사할 수 있는 때는 납세의무자가 확정신고한 법정신고납부기한의 다음 날이다.

① 1개   ② 2개   ③ 3개

④ 4개   ⑤ 5개

테마 3 | 납세의무 소멸사유

1. 납세의무의 소멸
(1) 소멸사유
   ① 납부
   ② 충당
   ③ 부과취소
   ④ 부과권의 제척기간의 만료(부과권)
   ⑤ 징수권의 소멸시효 완성(징수권)

(2) 징수권의 소멸시효(중단 또는 정지제도가 있다)

구 분		소멸시효
지방세	5천만원(가산세를 제외한 금액) 이상	10년
	5천만원(가산세를 제외한 금액) 미만	5년
국 세	5억원(가산세를 제외한 금액) 이상	10년
	5억원(가산세를 제외한 금액) 미만	5년

   ① 소멸시효 중단 : 새로운 시효가 진행된다.
     ● 납세고지, 독촉, 최고, 교부청구, 압류
   ② 소멸시효 정지 : 정지기간이 끝난 날부터 남은 시효가 진행된다.
     ● 분납기간, 징수유예기간, 연부연납기간, 사해행위취소의 소송진행기간, 채권자 대위 소송
      진행기간

(3) 지방자치단체 징수금
   ① 징수금 : 체납처분비와 지방세
   ② 징수순서 : 체납처분비 ⇨ 지방세(가산세 제외) ⇨ 가산세

04 다음 조세에 관한 내용으로 틀린 것은?

① 지방세 체납액이 5천만원(가산세는 제외한 금액)인 경우 징수권의 소멸시효는 이를 행사할 수 있는 때로부터 10년이다.

② 지방자치단체 징수금이란 지방세와 체납처분비를 말하여 이 경우 지방세 ⇨ 체납처분비 ⇨ 가산세 순서로 징수한다.

③ 강제징수비란 국세징수법 중 강제징수에 관한 규정에 따른 재산의 압류, 보관, 운반과 매각에 든 비용을 말한다.

④ 납부, 충당, 부과취소, 제척기간의 만료, 소멸시효의 완성은 납세의무 소멸사유이다.

⑤ 과세권자가 징수권을 일정기간 행사하지 않는 경우 징수권이 소멸시키는 것을 소멸시효라 하며 납세고지, 독촉, 납부최고, 압류, 교부청구는 시효중단 사유에 해당하고 제척기간의 경우에는 중단과 정지사유가 없다.

05 다음 조세에 대한 설명으로 바르지 않은 것은?

① 부동산의 취득과 보유와 양도 단계에 공통으로 과세되는 조세는 농어촌특별세, 부가가치세, 지방소비세가 있다.

② 지방교육세는 지방세이면서 목적세이고 부가세인 조세이다.

③ 납세의무자란 세법에 의하여 국세 또는 지방세를 납부할 의무가 있는 자(원천징수의무자 및 특별징수의무자 포함)를 말한다.

④ 특별징수란 지방세를 징수할 때 편의상 징수할 여건이 좋은 자로 하여금 징수하게 하고 그 징수한 세금을 납부하게 하는 것을 말한다.

⑤ 2차 납세의무자란 납세자가 납세의무를 이행할 수 없는 경우에 납세자를 갈음하여 납세의무를 지는 자를 말한다.

테마 4 · 제척기간과 법정기일

1. 부과권의 제척기간

구 분	지방세	국 세
사기 등	10년	10년
무신고	7년	7년
기타(재산세, 종합부동산세)	5년	5년

● 지방세 중 다음에 따른 취득으로서 법정신고기한까지 과세표준신고서를 제출하지 아니한 경우: 10년
  1. 상속 또는 증여(부담부증여 포함)를 원인으로 취득하는 경우
  2. 명의신탁약정으로 실권리자가 사실상 취득하는 경우
  3. 타인명의로 주식을 취득하여 과점주주가 된 경우
  4. 부담부증여로 취득하는 경우

2. 제척기간의 기산일
① 신고납부조세(취득세, 등록면허세, 양도소득세) : 신고기한의 다음 날
② 부과주의조세(재산세, 종합부동산세) : 납세의무성립일(6월 1일)

3. 법정기일
① 신고납부조세(취득세, 등록면허세, 양도소득세) : 신고일
② 부과주의조세(재산세, 종합부동산세) : 납세고지서 발송일

---

06 다음 중 조세의 제척기간과 법정기일에 관한 설명으로 옳지 않은 것은?

① 지방국세청장은 행정소송법에 따른 소송에 대한 판결이 확정된 후 그 판결이 확정된 날로부터 1년이 지나기 전까지 경정이나 그 밖에 필요한 처분을 할 수 있다.

② 상속을 원인으로 취득하는 경우로서 납세자가 법정신고기한까지 과세표준 신고서를 제출하지 아니한 경우: 7년

③ 「부동산 실권리자명의 등기에 관한 법률」 제2조 제1호에 따른 명의신탁약정으로 실권리자가 사실상 취득하는 경우로서 납서자가 법정신고기한까지 과세표준신고서를 제출하지 아니한 경우: 10년

④ 과세표준과 세액을 신고하는 조세의 경우 신고기한의 다음 날이 제척기간의 기산일이다.

⑤ 과세표준과 세액을 지방자치단체의 장이 결정, 경정하는 경우 고지한 해당 세액에 대하여는 납세고지서 발송일이 법정기일이다.

테마 5 　조세와 일반채권과의 관계

1. **그 재산에 부과된 조세**(피담보 채권에 우선하는 조세) : 상속세, 증여세, 종합부동산세, 재산세, (소방분에 대한)지역자원시설세, 자동차세, 지방교육세(재산세나 자동차세에 부가되는 경우에 한함)

2. 「주택임대차보호법」에 따라 대항요건과 확정일자를 갖춘 임대차보증금과 주거용 건물에 설정된 전세권의 확정일자 또는 설정일보다 종합부동산세, 상속세, 증여세, 재산세의 법정기일이 늦은 경우에는 임차보증금과 전세권에 의해 담보된 채권이 우선하여 변제될 수 있다.

3. **조세채권 사이의 우선 순위**
   담보된 조세 − 압류된 조세 − 교부청구된 조세

07 　국세기본법 및 지방세기본법상 조세채권과 일반 채권의 관계에 관한 설명으로 틀린 것은?

① 납세담보물 매각시 압류에 관계되는 조세채권은 담보있는 조세채권보다 우선한다.

② 주택의 경우 확정일자를 받은 임차보증금 또는 전세권이 설정된 재산이 국세의 강제징수 또는 경매절차를 통해 매각되어 그 매각대금에서 국세를 징수하는 경우 그 확정일자 또는 설정일보다 법정기일이 늦은 해당 재산에 대하여 부과된 상속세, 증여세, 종합부동산세, 재산세의 우선징수 순서에 대신하여 변제될 수 있다.

③ 취득세 신고서를 납세지 관할 지방자치단체장에게 제출한 날 전에 저당권 설정 등기 사실이 증명되는 재산을 매각하여 그 매각대금에서 취득세를 징수하는 경우 저당권에 따라 담보된 채권은 취득세에 우선한다.

④ 강제집행으로 부동산을 매각할 때 그 매각금액 중에 국세를 징수하는 경우 강제집행 비용은 국세에 우선한다.

⑤ 재산의 매각대금 배분시 당해 재산에 부과된 재산세는 당해 재산에 설정된 저당권에 따라 담보된 채권보다 우선한다.

| 테마 6 | 가산세 |

가산세(가산세가 부과되는 경우 보통징수한다)
가산세라 함은 세법에 규정하는 의무의 성실한 이행을 확보하기 위하여 그 세법에 의하여 산출한 세액에 가산하여 징수하는 금액을 말한다.

구 분	종 류		가산세율
일반 공통	과소신고가산세	일반과소신고	10%
		부정과소신고	40%
	무신고가산세	일반 무신고	20%
		부정 무신고	40%
	납부지연가산세(지방세 : 75/100 한도)		미납일수 × 1일 22/100,000

구 분	지방세	국 세
보통징수	납세고지 후 납부지연가산세	
	① 납부지연가산세 : 3%	① 납부지연가산세 : 3%
	② 1개월 66/10,000(0.66%)	② 1일 22/100,000(0.022%)
	③ 60개월 초과할 수 없음	③ 5년을 초과할 수 없음
	④ 45만원 미만은 적용 안함	④ 150만원 미만은 적용 안함

08 다음 중 가산세에 대한 설명으로 옳지 않은 것은?

① 가산세는 해당 의무가 규정된 세법의 해당 국세 또는 지방세의 세목으로 하고, 해당 국세 또는 지방세를 감면하는 경우에는 가산세도 감면대상에 포함한다.

② 가산세는 납부할 세액에 가산하거나 환급받을 세액에서 공제한다.

③ 납세의무자가 법정신고기한까지 「종합부동산세법」에 따른 과세표준 신고를 하지 아니한 경우 정부부과로 확정되기 때문에 무신고가산세를 부과하지 않는다.

④ 재산세를 납부기한까지 납부를 하지 아니한 경우에는 100분의 3의 납부지연가산세가 부과된다.

⑤ 가산세란 세법에서 규정하는 의무의 성실한 이행을 확보하기 위하여 의무를 이행하지 아니할 경우에 산출한 세액에 가산하여 징수하는 금액을 말한다.

테마 7 조세의 불복절차

1. 불복청구기간 및 결정

(1) 이의신청

① 이의신청은 불복의 사유를 갖추어 그 처분이 있음을 안 날(처분의 통지를 받은 때에는 그 받은 날)부터 90일 이내에 하여야 한다.

② 이의신청에 대한 결정은 그 신청을 받은 날로부터 90일(국세의 경우 30일) 이내에 결정하여야 한다.

(2) 심판청구(또는 심사청구 : 지방세 심사청구는 폐지되었다)

① 해당 처분이 있음을 안 날(처분의 통지를 받은 때에는 그 받은 날)부터 90일 이내에 제기하여야 한다.

② 이의신청을 거친 후 심판청구를 하려면 이의신청에 대한 결정의 통지를 받은 날부터 90일 이내에 제기하여야 한다.

③ 심판청구에 대한 결정은 심판청구를 받은 날부터 90일 이내에 하여야 한다.

④ 이의신청 심사청구 또는 심판청구의 배제

   ㉠ 이의신청 심사청구 또는 심판청구에 대한 처분

   ㉡ 통고처분

   ㉢ 감사원법에 따라 심사청구한 처분이나 그 심사청구에 대한 처분

   ㉣ 과세 전 적부심사의 청구에 대한 처분

   ㉤ 과태료의 부과

(3) 이의신청 등의 대리인

① 변호사, 세무사 등을 대리인으로 선임할 수 있다.

② 신청 또는 청구금액이 2천만원 미만인 경우에는 그의 배우자 4촌 이내의 혈족 또는 그의 배우자의 4촌 이내 혈족을 대리인으로 선임할 수 있다.

③ 대리인의 권한은 서면으로 증명해야 하며 대리인을 해임하였을 때에는 그 사실을 서면으로 신고하여야 한다.

④ 대리인은 본인을 위하여 그 신청 또는 청구에 관한 모든 행위를 할 수 있다. 다만, 그 신청 또는 청구의 취하는 특별한 위임을 받은 경우에만 할 수 있다.

(4) 행정소송

행정소송은 심사청구 또는 심판청구에 대한 결정의 통지를 받은 날부터 90일 이내에 제기하여야 한다.

(5) 기 타

① 심판청구는 그 처분의 집행에 효력을 미치지 아니하지만 압류한 재산에 대하여는 심판청구의 결정이 있는 날부터 30일까지 그 공매처분을 보류할 수 있다.

② 천재지변 등으로 이의신청 기간 내에 이의신청을 할 수 없을 때에는 그 사유가 소멸한 날부터 14일 이내에 이의신청할 수 있다.

③ 이의신청에 따른 결정기간 내에 이의신청에 대한 결정통지를 받지 못한 경우에는 결정통지를 받기 전이라도 그 결정기간이 지난날부터 90일 이내에 심판청구를 할 수 있다.

④ 지방세의 경우 심사청구는 폐지되었다.

⑤ 지방세에 관한 불복시 불복청구인은 이의신청을 거치지 않고 심판청구를 제기할 수 있다.

⑥ 지방세에 관한 불복시 불복청구인은 심판청구를 거치지 아니하고 행정소송을 제기할 수 없다.

불복절차	비 고
㉠ 이의신청 ⇨ 심사청구(지방세는 폐지) ⇨ 행정소송	심사청구와 심판청구를 중복하여 제기할 수 없다.
㉡ 이의신청 ⇨ 심판청구 ⇨ 행정소송	
㉢ 심사청구 ⇨ 행정소송	
㉣ 심판청구 ⇨ 행정소송	
㉤ 감사원 심사청구 ⇨ 행정소송	

09 「지방세기본법」상 이의신청 또는 심판청구에 관한 설명이다. 틀린 것은 몇 개인가?

㉠ 이의신청인은 신청금액이 1천만원 미만인 경우에는 그의 배우자, 4촌이내 혈족 또는 그의 배우자의 4촌 이내 혈족을 대리인으로 선임할 수 있다.

㉡ 보정기간은 결정기간에 포함하지 아니한다.

㉢ 통고처분과 과태료 부과처분을 받은 자는 이의신청 또는 심판청구를 할 수 없다.

㉣ 이의신청을 거친 후 심판청구를 할 때에는 이의신청에 대한 결정 통지를 받은 날로부터 90일 이내에 하여야 한다.

㉤ 이의신청을 하지 않고 심판청구는 할 수 있지만 심판청구를 거치지 않고 행정소송을 제기할 수 없다.

㉥ 이의신청인이 재해 등을 입어 이의신청기간 내에 이의신청을 할 수 없을 때에는 그 사유가 소멸된 날부터 14일 이내에 이의신청을 할 수 있다.

㉦ 이의신청, 심판청구는 그 처분의 집행에 효력을 미치지 아니한다. 다만, 압류한 재산에 대하여는 이의신청, 심판청구의 결정처분이 있는 날부터 60일까지 공매 처분을 보류할 수 있다.

① 0개　　　　② 1개　　　　③ 2개

④ 3개　　　　⑤ 4개

테마 8 서류의 송달

1. 서류송달 방법
① 교부송달 : 송달 받아야 할 자에게 서류를 교부하는 방법
② 우편송달 : 등기우편 또는 일반우편
③ 전자송달 : 납세자가 신청시 정보통신망으로 전달
④ 공시송달 : 서류의 송달을 받아야 할 자가 다음 각 호의 어느 하나에 해당하는 경우에는 서류의 주요 내용을 공고한 날부터 14일이 지나면 제28조에 따른 서류의 송달이 된 것으로 본다.
　㉠ 주소 또는 영업소가 국외에 있고 송달하기 곤란한 경우
　㉡ 주소 또는 영업소가 분명하지 아니한 경우
　㉢ 송달하였으나 받을 사람이 없는 것으로 확인되어 반송되는 경우
　　ⓐ 서류를 우편으로 송달하였으나 받을 사람이 없는 것으로 확인되어 반송됨으로써 납부기한 내 송달하기 곤란하다고 인정되는 경우
　　ⓑ 세무공무원이 2회 이상 납세자를 방문[처음 방문한 날과 마지막 방문한 날 사이의 기간이 3일(기간을 계산할 때 공휴일 및 토요일은 산입하지 않는다) 이상이어야 한다]하며 서류를 교부하려고 하였으나 받을 사람이 없는 것으로 확인되어 납부기한 내에 송달하기가 곤란하다고 인정되는 경우

2. 송달의 효력발생
① 교부송달, 우편송달 : 도달한 때
② 전자송달 : 전자우편 주소에 저장된 때
③ 공시송달 : 서류의 주요 내용을 공고한 날로부터 14일이 지났을 때

3. 서류의 송달
① 명의인의 주소, 거소, 영업소 또는 사무소에 송달한다.
② 연대납세의무자
　㉠ 대표자
　㉡ 대표자가 없으면 징수하기 유리한 자
　㉢ 납세의 고지와 독촉 : 연대납세의무자 모두에게 각각 송달
③ 납세관리인이 있는 경우 : 납세관리인의 주소 또는 영업소
④ 송달 받아야 할 사람이 교정시설 또는 국가경찰관서의 유치장에 체포·구속 또는 유치 사실이 확인된 경우에는 해당 교정시설의 장 또는 국가경찰관서의 장에게 송달한다.

10 「지방세기본법」상 서류의 송달에 대한 설명으로 틀린 것은 몇 개인가?

> ㉠ 연대납세의무자에게 납세의 고지에 관한 서류를 송달 할 때에는 연대납세의무자 모두에게 각각 송달하여야 한다.
>
> ㉡ 기한을 정하여 납세고지서를 송달하였더라도 서류가 도달한 날부터 10일이 되는 날에 납부기한이 되는 경우 지방자치단체의 징수금의 납부기한은 해당 서류가 도달한 날부터 14일이 지난날로 한다.
>
> ㉢ 납세관리인이 있을 때에는 납세의 고지와 독촉에 관한 서류는 그 납세관리인의 주소 또는 영업소에 송달한다
>
> ㉣ 서류송달을 받아야 할 자의 주소 또는 영업소가 분명하지 아니한 경우에는 서류의 주요 내용을 공고한 날로부터 7일이 지나면 서류의 송달이 된 것으로 본다.
>
> ㉤ 전자송달은 전자우편 주소 등에 저장된 때, 우편송달과 교부송달은 송달받은 자에게 도달한 때 송달의 효력이 발생한다.
>
> ㉥ 교부송달의 경우 송달할 장소에서 서류의 송달을 받아야 할 자가 정당한 사유없이 서류의 수령을 거부하면 송달할 장소에 서류를 둘 수 있다.
>
> ㉦ 송달 받아야 할 사람이 교정시설 또는 국가경찰관서의 유치장에 체포·구속 또는 유치된 사실이 확인된 경우에는 공시송달의 방법에 의한다.

① 0개　　　　　② 1개　　　　　③ 2개
④ 3개　　　　　⑤ 4개

11 「지방세기본법」상 공시송달할 수 있는 경우가 아닌 것은?

① 송달을 받아야 할 자의 주소 또는 영업소가 국외에 있고 그 송달이 곤란한 경우
② 송달을 받아야 할 자의 주소 또는 영업소가 분명하지 아니한 경우
③ 서류를 우편으로 송달하였으나 받을 사람이 없는 것으로 확인되어 반송됨으로써 납부기한 내에 송달하기 곤란하다고 인정되는 경우
④ 서류를 송달한 장소에서 송달을 받을 자가 정당한 사유 없이 그 수령을 거부한 경우
⑤ 세무공무원이 2회 이상 납세자를 방문하여 서류를 교부하려고 하였으나 받을 사람이 없는 것으로 확인되어 납부기한 내에 송달하기 곤란하다고 인정되는 경우

테마 9 취득세 과세대상과 취득의 구분

부동산	토지(승계, 원시, 간주 취득 모두 과세한다)		
	건축물	건축법상 건축물	
		시설물	토지, 지하 또는 다른 구조물에 설치하는 시설물
			건축물에 부수되는 시설물
부동산에 준하는 것	차량, 기계장비, 항공기, 선박(원시취득은 과세하지 않는다)		
기타권리	광업권, 어업권, 양식업권(출원에 의한 원시취득은 면제), 입목		
	골프 회원권, 승마 회원권, 콘도미니엄 회원권, 종합체육시설 이용 회원권, 요트 회원권		
취 득	**사실상의 취득**	**승계취득**	유상승계취득 : 매매·교환·현물출자 등
			무상승계취득 : 상속·증여·기부
		원시취득	토지 : 공유수면 매립·간척으로 토지조성
			건축물 : 신축·재축
			선박 : 건조
			차량·기계장비·항공기 : 제조·조립
			광업권·어업권·양식업권 : 출원에 의한 취득
			민법상 시효취득
	간주취득(취득의제)		토지 : 지목변경으로 인하여 가액의 증가
			건축물 : 개수로 가액증가
			차량·기계장비·선박 : 종류변경으로 가액의 증가
			과점주주의 주식·지분취득 : 50% 초과 취득(비상장법인)

12 「지방세법」상 취득세에 대한 설명으로 옳은 것은?

① 매매·교환·법인에 대한 현물출자·건축·개수 등과 기타 이와 유사한 취득으로서 원시취득 또는 유상취득을 말하며 무상승계취득의 경우 취득세를 과세하지 아니한다.

② 취득세는 도세로서 물건의 소재지를 관할하는 도에서 부과함이 원칙이지만 도세 징수 위임에 관한 규정에 따라 시장·군수가 징수하게 된다.

③ 연부취득의 경우 마지막 연부금 지급일 전에 계약을 해제한 경우에 이미 납부한 취득세는 환급하지 아니한다.

④ 토지의 지목을 사실상 변경함으로써 그 가액이 증가나 감소된 경우 그 증감분에 대한 취득이 있는 것으로 본다.

⑤ 차량, 기계장비, 항공기, 선박, 광업권, 어업권의 원시취득의 경우에도 취득으로 보아 과세한다.

테마 10   **과점주주**

과점주주(비상장법인 주식 50% 초과)
1. 설립 당시 과점주주 : 과세 ×
2. 최초 과점주주 : 40% − 60% ⇨ 전체 과세(60%)
3. 재차 과점주주 : 60% − 40% − 70%
   ⇨ 이전 과점주주 지분보다 증가분(10%)
4. 이미 과점주주 : 55% − 70% − 60% − 80%
   ⇨ 이전 최고지분보다 증가한 경우 증가분(10%) 과세
5. 다른 주주로부터 주식을 취득하거나 증자로 지분이 증가(감자로 인한 경우는 제외)
6. 해당 법인의 신탁재산이 있는 경우 신탁재산도 취득으로 간주
7. 과점주주 집단내부 및 특수관계자 간의 주식거래가 발생하였으나 과점주주 총주식 비율에 변동이 없는 경우 납세의무가 없다.

13 「지방세법」상 과점주주의 취득세 납세의무에 관한 설명으로 틀린 것은?

① 과점주주 집단내부 및 특수관계자 간의 주식이 이전되었으나 과점주주 집단이 소유한 총주식의 비율에 변동이 없는 경우에 취득세 납세의무가 없다.

② 설립당시 65% 지분을 보유하던 중 25%를 처분하고 다시 20%의 주식을 취득한 경우 취득세 납세의무가 없다.

③ 개인이 비상장법인 설립시 60% 지분을 취득한 경우에 취득세 납세의무가 있다.

④ 다른 주주의 주식이 감자됨으로써 비상장법인의 지분비율이 60%에서 70%로 증가한 경우에 취득세 납세의무가 없다.

⑤ 이미 과점주주가 된 주주가 해당 법인의 주식을 취득하여 해당 법인의 주식의 총액에 대한 과점주주가 가진 주식의 비율이 증가된 경우에는 그 증가분을 취득으로 보아 취득세를 부과한다. 이 경우 증가된 후의 주식의 비율이 해당 과점주주가 이전에 가지고 있던 주식의 최고비율보다 증가되지 아니한 경우에는 취득세를 부과하지 아니한다.

테마 11 ＞ 취득시기

1. 유상승계취득
　① 사실상 잔금지급일
　② 신고인이 제출한 자료로 사실상 잔금지급일이 확인되지 않는 경우 : 계약서상 잔금지급일
　　(불분명시 : 계약일로부터 60일 경과된 날)
　③ 취득일 전 등기·등록시 : 등기 또는 등록일

2. 연부취득 : 사실상의 연부금지급일 ⇨ 등기시 일시취득한 것으로 본다.

3. 무상취득 : 계약일 ⇨ 불분명 : 등기·등록일
　① 증여 : 계약일(양도소득세 : 증여 받은 날)
　② 단, 상속의 경우에는 상속개시일

> 유상승계취득과 무상승계취득의 경우 등기·등록을 하지 아니하고 취득일로부터 60일 (무상승계취득은 취득일이 속한 달의 말일부터 3개월) 이내에 계약이 해제된 사실이 화해, 인낙, 취득일로부터 60일 이내 작성된 공정증서. 취득일로부터 60일 이내에 계약당사자가 작성한 계약해제신고서 등으로 입증되는 경우에는 취득한 것으로 보지 아니한다.

4. 공유수면매립 : 공사준공인가일

5. 건축(허가 ○) : 사용승인서를 내주는 날과 사실상 사용일 중 **빠른날**
환지(준공검사증명서를 내주는 날), 정비사업(준공인가증을 내주는 날)과 사실상 사용일 중 **빠른 날**

6. 토지의 지목변경 : 사실상 변경된 날과 공부상 변경된 날 중 **빠른 날**(지목변경 전 사실상 사용 : 사실상 사용일)

7. 민법상 재산분할로 인한 취득 : 등기일

8. 시효취득 : 등기일(양도세 : 점유개시일)

9. 주택법에 따른 주택조합이 주택건설사업을 하면서 조합원으로부터 취득하는 토지 중 조합원에게 귀속되지 아니하는 토지를 취득하는 경우 : 사용검사를 받은 날

10. 주택재건축조합이 재건축사업을 하면서 조합원에게 귀속되지 아니하는 토지 : 소유권 이전고시일의 다음 날

14 다음은 취득세를 과세함에 있어서 취득시기를 설명한 것이다. 옳은 것은 몇 개인가?

> ㉠ 개인 간 건축물의 유상승계취득의 경우 그 계약상잔금지급일을 취득일로 본다.
> ㉡ 관계 법령에 따라 매립 간척 등으로 토지를 원시취득하는 경우로서 공사준공일 이전에 사실상 사용하는 경우에는 그 사실상 사용일을 취득일로 본다.
> ㉢ 건축물 건축의 경우 사용승인서를 내주는 날과 사실상 사용일 중 빠른날을 취득일로 본다.
> ㉣ 「주택법」에 따른 주택조합이 주택건설사업을 하면서 조합원으로부터 취득하는 토지 중 조합원에게 귀속되지 아니하는 토지를 취득하는 경우 「주택법」 제49조에 따른 사용검사를 받은 날에 그 토지를 취득한 것으로 본다.
> ㉤ 토지의 지목변경에 따른 취득은 지목변경 전에 사용하는 경우에는 사실상 사용일을 취득일로 본다.
> ㉥ 「도시 및 주거환경정비법」 제35조 제3항에 따른 재건축조합이 재건축사업을 하면서 조합원으로부터 취득하는 토지 중 조합원에게 귀속되지 아니하는 토지를 취득하는 경우에는 「도시 및 주거환경정비법」 제86조 제2항에 따른 소유권이전고시일에 취득한 것으로 본다.
> ㉦ 증여로 취득한 경우에는 증여 받은 날을 취득일로 본다.

① 2개 ② 3개 ③ 4개
④ 5개 ⑤ 6개

테마 12 취득세 납세의무자

1. **원칙** : 등기 · 등록에 관계없이 사실상 취득한 자 ⇨ 실질과세 원칙(공부상 취득자도 납세의무가 있다)

2. **예 외**
   ① 주체구조부 취득자(소유자)
   ② 직접사용하거나 대여 목적으로 외국에서 수입하는 경우 : 수입하는 자
   ③ 상속받은 경우 : 상속인(연대납세의무)
   ④ 주택조합이 조합원용 부동산의 취득시 : 조합원
   　　cf 조합원용 외 부동산 : 조합
   ⑤ 종류(지목) 변경시 : 변경시점의 소유자
   ⑥ 도시개발법에 따른 도시개발사업(환지방식만 해당)의 시행으로 토지의 지목이 사실상 변경된 때에는 그 환지계획에 따라 공급되는 환지는 조합원이 체비지 보류지는 사업시행자가 각각 취득한 것으로 본다.
   ⑦ 「도시개발법」에 따른 도시개발사업과 「도시 및 주거환경정비법」에 따른 정비사업의 시행으로 해당 사업의 대상이 되는 부동산의 소유자(상속인을 포함한다)가 환지계획 또는 관리처분계획에 따라 공급받거나 토지상환채권으로 상환받는 건축물은 그 소유자가 원시 취득한 것으로 보며 토지의 경우에는 그 소유자가 승계취득한 것으로 본다. 이 경우 토지는 당초 소유한 토지 면적을 초과하는 경우로서 그 초과한 면적에 해당하는 부분에 한정하여 취득한 것으로 본다.
   ⑧ 시설대여업자
   　　등록명의자와 관계없이 시설대여업자가 납세의무자이다.
   ⑨ 배우자 등으로부터 취득 : 증여로 취득한 것으로 본다.
   　　단, 다음 경우 유상취득으로 본다(파 경 대 교).
   　　　㉠ 공매로 취득
   　　　㉡ 파산선고로 인한 취득
   　　　㉢ 등기 대상을 교환
   　　　㉣ 대가를 지급한 사실을 증명한 경우
   ⑩ 부담부증여
   　　　㉠ 채무액에 상당하는 부분 : 유상취득으로 본다.
   　　　㉡ 채무 이외 부분 : 증여로 취득한 것으로 본다.

구 분			유 형
일반적인 경우	채무액		유상
	채무 외		증여
배우자 또는 직계존비속	채 무	원 칙	증여
		입증되는 경우(파 경 대 교) ⓐ 공매(경매) ⓑ 파산선고 ⓒ 교환 ⓓ 대가지급 : 소득, 재산 처분 · 담보, 상속 · 증여	유상
	채무 외		증여

⑪ 상속개시 후 재분할 : 증여로 취득한 것으로 본다.

⑫ 「신탁법」에 따라 신탁재산의 위탁자 지위의 이전이 있는 경우 : 새로운 위탁자가 신탁재산을 취득한 것으로 본다.

⑬ 「공간법」상 지목이 대인 토지가 정원 및 부속시설물 부지로 사실상 변경되어 가액 증가시 : 토지 소유자가 취득한 것으로 본다.

⑭ 건축물을 건축하면서 정원 및 부속시설물 등을 설치하는 경우 : 건축물을 취득하는 자가 취득한 것으로 본다.

⑮ 소유 미등기 건물에 대하여 乙이 채권확보를 위하여 법원의 판결에 의한 소유권 보존등기를 甲의 명의로 등기할 경우 취득세 납세의무는 甲에게 있다. 이 경우 채권자 대위권에 의한 등기신청을 하려는 채권자는 납세의무자를 대위하여 부동산의 취득에 대한 취득세를 신고 · 납부할 수 있다.

   ㉠ 이 경우 채권자대위자는 행정안전부령으로 정하는 바에 따라 납부확인서를 발급받을 수 있다.

   ㉡ 지방자치단체의 장은 대위자의 신고가 있는 경우 납세의무자에게 신고접수 사실을 즉시 통보하여야 한다.

15 취득세 납세의무자에 대한 설명으로 옳은 것은?

① 부동산 등의 취득은 등기·등록 등을 하지 아니한 경우에는 사실상 취득한 경우에도 납세의무가 없다.

② 「공간정보의 구축 및 관리 등에 관한 법률」 제67조에 따른 대(垈) 중 「국토의 계획 및 이용에 관한 법률」 등 관계 법령에 따른 택지공사가 준공된 토지에 건축물을 건축하면서 그 건축물에 부수되는 정원 및 부속시설물 등을 조성·설치하는 경우에는 토지소유자가 취득한 것으로 본다.

③ 토지의 지목이 사실상 변경됨으로써 그 가액이 증가한 경우에는 사실상으로 지목이 변경된 시점의 해당 토지의 소유자가 납세의무자가 된다.

④ 「도시개발법」에 따른 되개발사업(환지방식만 해당한다)의 시행으로 토지의 지목이 사실상 변경된 경우 그 환지계획에 따라 공급되는 환지는 사업시행자가 체비지 또는 보류지는 조합원이 각각 취득한 것으로 본다.

⑤ 「도시개발법」에 따른 도시개발사업과 「도시 및 주거환경정비법」에 따른 정비사업의 시행으로 해당 사업의 대상이 되는 부동산의 소유자(상속인을 포함한다)가 환지계획 또는 관리처분계획에 따라 공급받는 건축물은 그 소유자가 승계취득한 것으로 보고 토지상환채권으로 상환받는 토지의 경우에는 그 소유자가 원시취득한 것으로 본다. 이 경우 토지는 당초 소유한 토지 면적을 초과하는 경우로서 그 초과한 면적에 해당하는 부분에 한하여 취득한 것으로 본다.

테마 13   취득세 과세표준

취득세 과세표준은 취득당시가액으로 한다. 다만, 연부로 취득하는 경우 취득세 과세표준은 연부금액(매회 사실상 지급되는 금액을 말하며 취득금액에 포함되는 계약보증금을 포함한다)이다.

구 분	과세표준
유상승계	① 사실상 취득가격 ② 특수관계인 간 부당행위 : 시가인정액
무상승계	① 증여 : 시가인정액. 단, 시가표준액 1억원 이하는 시가인정액과 시가표준액 중 납세자가 선택이 가능하다. ② 상속 : 시가표준액
원시취득	① 사실상 취득가격 ② 법인이 아닌자가 건축하여 사실상 취득가격 확인 × : 시가표준액
지목변경	① 증가한 가액에 해당하는 사실상 취득가격 ② 확인 × : 지목변경 후 시가표준액에서 지목변경 전 시가표준액을 뺀 금액
부담부증여	① 채무액 : 유상취득 과세표준 적용 ② 채무액 이외 : 무상취득 과세표준 적용
대물변제	① 대물변제액 ② 대물변제액이 시가인정액보다 적은 경우에는 시가인정액
양도담보	① 양도담보에 따른 채무액 ② 채무액이 시가인정액보다 적은 경우에는 시가인정액
교 환	이전받는 부동산과 이전하는 부동산의 시가인정액 중 높은 금액

16 다음 중 취득세 과세표준에 대한 설명으로 옳지 않은 것은?

① 취득세 과세표준은 취득 당시 가액으로 한다. 다만, 연부로 취득하는 경우에는 연부금액(매회 사실상지급되는 금액을 말하며 취득금액에 포함되는 계약보증금을 포함한다)으로 한다.

② 부동산 등을 원시취득하는 경우 취득 당시 가액은 사실상 취득가격으로 한다. 다만, 법인이 아닌 자가 건축물을 건축하여 취득하는 경우로서 사실상 취득가격을 확인할 수 없는 경우에는 취득 당시 가액은 시가표준액으로 한다.

③ 부담부증여의 경우 유상으로 취득한 것으로 보는 채무액에 상당하는 부분(채무부담액)은 시가인정액을 한도로 한다.

④ 부동산 등을 증여로 취득한 경우에는 시가표준액을 취득 당시 가액으로 한다.

⑤ 토지의 지목을 사실상 변경한 경우 취득 당시 가액은 그 변경으로 증가한 가액에 해당하는 사실상 취득가격으로 한다. 다만, 법인이 아닌 자가 토지의 지목을 사실상 변경한 경우로서 사실상 취득가격을 확인할 수 없는 경우에는 지목변경 후 시가표준액에서 지목변경 전 시가표준액을 뺀 가액으로 한다.

17 취득세 과세표준에 대한 설명이다. 옳지 않은 것은?

① 부동산을 유상승계로 취득하는 경우 사실상 취득가격을 과세표준으로 한다.

② 부동산을 유상승계로 취득하는 경우로서 특수관계인간의 거래로 그 취득에 대한 조세부담을 부당하게 감소시키는 행위 또는 계산을 한 것으로 인정되는 경우에는 시가표준액을 취득당시가액으로 결정할 수 있다.

③ 부동산 등을 상속으로 취득한 경우 시가표준액을 과세표준으로 한다.

④ 취득물건에 대한 시가표준액이 1억원 이하인 부동산 등을 무상취득(상속은 제외)하는 경우 시가인정액과 시가표준액 중 납세자가 정하는 가액을 취득당시가액으로 한다.

⑤ 증여자의 채무를 인수하는 부담부증여의 경우 유상으로 취득한 것으로 보는 채무인수액에 상당하는 부분에 대해서는 유상승계취득의 과세표준을 적용하고 취득물건의 시가인정액에서 채무부분을 뺀 잔액에 대해서는 무상취득의 과세표준을 적용한다.

테마 14 | 과세표준 포함 여부

취득가격에 포함	취득가격에 포함하지 않는 경우
• 건설자금이자 : 법인 • 연체이자 할부이자 : 법인 • 중개보수 : 법인 • 채무인수액, 채권매각차손 • 취득에 필요한 용역대가로 지급한 용역비 수수료	• 부가가치세 • 광고선전비 • 할인액(할인받은 금액) • 전기 등의 이용에 따라 지급되는 비용

18   취득세의 과세표준에 관한 설명이다. 틀린 것은?

① 대물변제의 경우 대물변제액(대물변제액 외의 추가로 지급한 금액이 있는 경우에는 그 금액을 포함한다). 다만, 대물변제액이 시가인정액보다 적은 경우 취득 당시가액을 시가인정액으로 한다.

② 부동산 등을 일괄취득함으로 인하여 부동산에 대한 취득가액이 구분되지 않는 경우 일괄취득가액을 시가표준액의 비율로 안분계산한 금액을 부동산 등의 가액으로 한다.

③ 건설자금이자의 경우 개인과 법인의 경우 모두 취득가격에 포함되지만 연체료, 할부이자와 중개보수의 경우 법인의 경우에만 취득가격에 포함한다.

④ 취득대금을 일시급 등으로 지급하여 일정액을 할인받은 경우에는 그 할인된 금액을 취득가격으로 한다.

⑤ 부가가치세는 취득가격에 포함하지 아니한다.

테마 15 취득세 세율

표준세율

① 취득세의 세율구조는 취득물건의 가액 또는 용도 등의 성격에 따라 각각 다른 세율이 적용되는 차등비례세율로서 표준세율과 중과세율로 구분된다.

② 탄력세율: 도지사는 조례가 정하는 바에 의하여 취득세의 세율을 표준세율의 50% 범위 안에서 가감 조정할 수 있다(중과세율은 적용 ×).

③ 과세물건이 2 이상의 세율에 해당하는 경우 그중 높은 세율을 적용한다.

취득 원인	구 분	세 율	비 고
상속으로 인한 취득	농지	1,000분의 23	전·답·과수원 목장용지
	기타	1,000분의 28	농지 이외
증여 그 밖의 무상 취득	일반	1,000분의 35	–
	비영리 사업자	1,000분의 28	
원시취득(매립 간척)	–	1,000분의 28	면적증가
공유물 합유물 총유물 분할	–	1,000분의 23	–
그 밖의 원인으로 인한 취득 (법인합병 포함)	농지	1,000분의 30	전·답·과수원 목장용지
	기타	1,000분의 40	농지 이외

● 주택 유상거래(상속, 증여, 원시취득 등은 제외)
- 6억원 이하: 10/1,000
- 6억원 초과 ~ 9억원 이하: (취득당시가액 × 2/3억원 − 3) × 1/100
- 9억원 초과: 30/1,000

19 취득세 표준세율에 대한 설명 중 옳지 않은 것은?

① 상속으로 인한 농지 취득: 1천분의 23

② 사회복지사업법에 따라 설립된 사회복지법인이 독지가의 기부에 의한 건물 취득: 1천분의 28

③ 취득 당시의 가액이 6억원인 1주택을 상속으로 취득한 경우: 1천분의 10

④ 유상거래를 원인으로 인한 농지 외 부동산 취득: 1천분의 40

⑤ 법령으로 정한 비영리사업자의 상속 외의 무상 취득: 1천분의 28

테마 16 · 취득세 중과세율

1. 중과세율(탄력세율을 적용할 수 없음)

사치성 재산 (골프장 · 고급오락장 · 선박 · 고급주택)	표준세율과 중과기준세율의 100분의 400을 합한 세율
과밀억제권역 내 공장의 신 · 증설	표준세율과 중과기준세율의 100분의 200을 합한 세율
과밀억제권역 내 법인의 본점용 부동산 취득(신 · 증축)	표준세율과 중과기준세율의 100분의 200을 합한 세율
대도시내 내 법인의 설립 · 설치 · 전입에 따른 부동산 취득	표준세율의 100분의 300에서 중과기준세율의 100분의 200을 뺀 세율을 적용한다.
대도시 내 공장 신 · 증설	표준세율의 100분의 300에서 중과기준세율의 100분의 200을 뺀 세율을 적용한다.

2. 표준세율에 중과기준세율의 100분의 200을 합한 세율 ⇨ **과밀억제권역 내**

① 공장 신 · 증설(토지, 건축물 및 5년 이내 취득하는 차량, 기계장비)
② 본점 주사무소 사업용 부동산(신 · 증축) ⇨ 지점 / 분사무소 / 승계취득시 제외

---

20 「지방세법」상 아래의 부동산 등을 신(증)축하는 경우 취득세가 중과(重課)되지 않는 것은 몇 개인가? (단, 「지방세법」상 중과요건을 충족하는 것으로 가정함)

> ㉠ 병원의 병실
> ㉡ 골프장
> ㉢ 고급주택
> ㉣ 법인 본점의 사무소전용 주차타워
> ㉤ 대도시에서 법인이 사원에 대한 임대용으로 직접 사용할 목적으로 취득한 사원주거용 목적의 공동주택[1구의 건축물의 연면적(전용면적을 말한다)이 60제곱미터 이하임]
> ㉥ 「수도권정비계획법」에 의한 과밀억제권역 안에서 공장을 신설하거나 증설하기 위한 사업용 과세물건

① 1개 ② 2개 ③ 3개
④ 4개 ⑤ 5개

테마 17 │ 취득세 세율 특례

1. 표준세율 − 중과기준세율: 등기 ○

구 분		
환매등기를 병행하는 부동산의 매매로 환매기간 내에 매도자가 환매한 경우 매도자와 매수자의 취득		
상속취득으로 인한 취득	1가구 1주택의 취득	
	감면대상 농지의 취득	
공유물, 합유물 분할로 인한 취득		
건축물 이전으로 인한 취득	가액증가 없음	
「민법」상 재산 분할로 인한 취득		
법인 합병으로 인한 취득		

2. 중과기준세율(2%): 등기 ×

구 분		
개수로 인한 취득	면적증가 없음	
의제취득	차량 등의 종류변경으로 가액 증가	
	토지의 지목변경으로 가액 증가	
	과점주주	
외국인 소유물건 임차하여 수입(차량, 기계장비, 선박, 항공기만 해당)		
대여시설 이용자 명의대여		
무덤과 이에 접속된 토지		
임시사용건축물	1년 이하: 비과세	
	1년 초과: 과세	

21 다음은 표준세율에서 중과기준세율을 뺀 세율을 적용하는 것으로 옳지 않은 것은?

① 환매등기를 병행하는 부동산의 매매로서 환매기간 내에 매도자가 환매한 경우의 그 매도자와 매수자의 취득
② 건축물의 이전으로 인한 취득(이전한 건축물의 가액이 종전 건축물의 가액을 초과하지 아니함)
③ 상속으로 인한 취득 중 법령으로 정하는 1가구 1주택 및 그 부속토지의 취득
④ 공유물 합유물의 분할으로 인한 취득
⑤ 차량·기계장비·선박의 종류변경으로 가액이 증가한 경우

22 다음 중 중과기준세율을 적용하지 않는 것으로 옳은 것은?

① 존속기간이 1년을 초과하는 임시사용 건축물의 취득
② 「법인세법」 제44조 제2항 또는 제3항에 해당하는 법인의 합병으로 인한 취득
③ 개수로 인한 건축물의 취득(개수로 인하여 면적이 증가하지 아니함)
④ 무덤과 이제 접속된 부속시설물의 부지로 사용되는 토지로서 지적공부상 지목이 묘지인 토지의 취득
⑤ 토지의 지목을 사실상 변경하여 그 가액이 증가한 경우

테마 18　세율 적용방법

세율 적용시 유의 사항

① 유상, 상속, 증여 등으로 취득한 부동산이 공유물인 때에는 그 취득지분의 가액을 과세표준으로 하여 각각의 세율을 적용한다.

② 건축(신축과 재축은 제외) 또는 개수로 인하여 건축물 면적이 증가한 경우에는 그 증가된 부분에 대하여 원시취득으로 보아 표준세율을 적용한다.

③ 중과기준세율이란 20/1,000을 말한다.

④ 주택을 신축 또는 증축한 이후 해당 주거용 건축물의 소유(배우자 및 직계존비속을 포함)가 해당 주택의 부속토지를 취득하는 경우에는 주택에 대한 세율을 적용하지 아니한다.

⑤ 조정대상지역 내 2주택의 경우에도 일시적 2주택의 경우 1주택 세율을 적용한다(단, 3년 이내 종전 주택을 처분하여야 한다).

⑥ 주택수 판단시 분양권과 조합원입주권도 주택수에 포함한다.

23　다음은 취득세 세율에 대한 설명으로 틀린 것은?

① 유상, 상속, 증여 등으로 취득하는 부동산이 공유물일 때에는 그 취득지분의 가액을 과세표준으로 하여 각각의 해당 세율을 적용한다.

② 주택을 신축 또는 증축한 이후 해당 주거용 건축물의 소유자(배우자 및 직계존비속을 포함한다)가 해당 주택의 부속토지를 유상 취득하는 경우 주택 유상거래 세율을 적용한다.

③ 조정대상 외의 지역 내 1주택과 분양권을 소유한 1세대가 해당 지역의 주택을 유상으로 취득하는 경우 「지방세법」 제11조 제1항 제7호 나목을 해당 표준세율로 하여 중과기준세율의 100분의 200을 합한 세율을 적용한다.

④ 개수로 인하여 면적이 증가한 경우에는 원시취득으로 보아 28/1,000의 세율을 적용하고 가액이 증가한 경우 간주취득으로 중과기준세율을 적용한다.

⑤ 법인이 주택을 유상승계취득하는 경우 「지방세법」 제11조 제1항 제7호 나목을 해당 표준세율로 하여 중과기준세율의 100분의 400을 합한 세율을 적용한다.

테마 19 취득세 비과세

구 분		과 세	비과세
국가 등의 취득	원 칙		○
	대한민국 정부기관의 취득에 과세하는 외국정부	○	
국가 등에 귀속 또는 기부채납	타인에게 매각·증여 등	○	
	무상사용권을 제공받는 경우 등	○	
「신탁법」에 따른 신탁	위탁자로부터 수탁자에게 이전		○
	신탁의 종료로 수탁자로부터 위탁자에게 이전		○
	수탁자가 변경되어 신수탁자에게 이전		○
	주택조합 등과 조합원 간의 부동산 취득 등	○	
법률상 환매권 행사	「징발재산정리에 관한 특별조치법」 또는 「국가보위에 관한 특별조치법 폐지법률」에 따른 환매권의 행사(개인 간 환매등기는 과세)		○
임시건축물	존속기간 1년 초과(중과기준세율 적용)	○	
	존속기간 1년 이하 · 사치성재산	○	
	존속기간 1년 이하 · 사치성재산이 아닌 경우		○
공동주택의 개수	시가표준액 9억원 초과	○	
	시가표준액 9억원 이하 · 대수선	○	
	시가표준액 9억원 이하 · 대수선이 아닌 경우		○
차량의 상속	천재지변·화재·교통사고·폐차·차령 초과 등		○

24 취득세 비과세에 대한 설명으로 옳지 않은 것은?

① 신탁재산의 취득 중 주택조합 등과 조합원 간의 부동산 취득 및 주택조합 등의 비조합원용 부동산 취득은 취득세를 부과하지 아니한다.

② 국가·지방자치단체·지방자치단체조합의 취득에 대하여는 취득세를 부과하지 아니한다. 다만, 대한민국 정부기관의 취득에 대하여 과세하는 외국 정부의 취득에 대하여는 그러하지 아니하다.

③ 지방자치단체에 기부채납을 조건으로 부동산을 취득하는 경우라도 그 반대급부로 기부채납 대상물의 무상사용권을 제공받은 때에는 그 해당 부분에 대해서는 취득세를 부과한다.

④ 임시흥행장 공사현장사무소(사치성재산 제외) 등 임시 건축물(존속기간이 1년을 초과하지 않음)의 취득에 대하여는 취득세를 부과하지 아니한다.

⑤ 주택법 규정에 따른 공동주택의 개수(건축법상 대수선 제외)로 인한 취득 중 시가표준액이 9억원 이하인 주택과 관련된 개수로 인한 취득에 대하여는 취득세를 부과하지 아니한다.

테마 20 취득세 납세지

1. 취득당시 물건 소재지 관할 특, 광, 도(납세지가 분명하지 아니한 경우 해당 취득물건의 소재지를 납세지로 한다)
2. 같은 취득 물건이 둘 이상의 지방자치단체에 걸쳐 있는 경우 소재지별 시가표준액 비율로 안분한다.

25 **다음은 취득세의 납세지에 대한 설명이다. 틀린 것은?**

① 부동산의 경우는 부동산 소재를 납세지로 한다.

② 취득세는 취득물건의 소재지를 관할하는 특별시, 광역시, 도에서 그 취득자에게 부과하는 도세이다.

③ 취득세는 도세징수의 위임에 관한 규정에 따라 실제로 취득세 부과·징수는 과세대상 물건의 소재지를 관할하는 시장·군수·구청장이 징수하게 된다.

④ 납세지가 분명하지 아니한 경우에는 취득자의 주소지를 그 납세지로 한다.

⑤ 같은 취득물건이 둘 이상의 지방자치단체에 걸쳐 있는 경우 각 시, 군에 납부할 취득세를 산출할 때 그 과세표준은 취득당시의 가액을 취득물건의 소재지별 시가표준액으로 나누어 계산한다.

테마 21 취득세 부과징수

도세징수 위임에 따라 물건소재지 관할 시, 군, 구에 신고하고 납부하여야 한다.

1. 신고납부(가산세 부과시에는 보통징수)

구 분		신고납부기한
일반적인 취득		취득한 날로부터 60일 이내
증여(부담부증여 포함)		취득일이 속한 **달의 말일**부터 **3개월** 이내
상 속	국내 주소	상속개시일이 속하는 **달의 말일**부터 **6개월** 이내
	국외 주소	상속개시일이 속하는 **달의 말일**부터 **9개월** 이내
허가 전에 대금을 완납		그 허가일이나 허가구역 지정 해제일 또는 축소일로부터 60일 이내
등기·등록을 하려는 경우		등기·등록신청서를 접수하는 날까지
추가 신고납부	비과세 감면 배제	그 사유발생일로부터 60일 이내
	취득 후 중과세	중과세 대상이 된 날로부터 60일 이내

① 과세물건 취득 후 중과세 대상이 되거나 비과세 또는 감면 적용 후 추징대상이 되는 경우: 중과세 대상이 되거나 사유발생일로부터 이미 납부한 세액을 공제(가산세는 제외)한 산출세액을 60일 이내 신고 및 납부
② 「부동산등기법」 제28조에 따라 채권자대위권에 의한 등기신청을 하려는 채권자(이하 이 조 및 제30조에서 "채권자대위자"라 한다)는 납세의무자를 대위하여 부동산의 취득에 대한 취득세를 신고납부할 수 있다. 이 경우 채권자대위자는 행정안전부령으로 정하는 바에 따라 납부확인서를 발급받을 수 있다.

2. 가산세(보통징수)
① 신고불성실 가산세
   ㉠ 무신고: 20%
   ㉡ 과소신고: 10%
   ㉢ 부정 무신고: 40%
   ㉣ 부정과소신고: 40%
② 납부지연 가산세: 1일 22/100,000(미납세액 또는 과소신고세액의 75/100를 한도)
③ 법인장부 작성과 보존 불이행: 10/100
④ 시가인정액으로 신고한 후 지방자치단체의 장이 세액을 경정하기 전에 시가인정액을 수정신고한 경우에는 과소신고가산세를 부과하지 아니한다.

3. 중가산세: 산출세액의 80%(보통징수)
① 취득세만 적용한다.
② 단, 다음의 경우 제외한다.
   ㉠ 취득세 과세물건 중 등기 또는 등록을 필요로 하지 아니하는 과세물건(단, 골프 회원권, 콘도미니엄 회원권 및 종합체육시설이용 회원권 등은 제외)
   ㉡ 지목변경, 차량, 건설기계 또는 선박의 종류변경 및 과점주주의 주식취득 등 취득으로 간주되는 과세물건

4. 면세점(연부취득 : 연부금총액을 기준으로 판단)

> ① 취득가액[취득세액(×), 산출세액(×)]이 50만원 이하일 때에는 취득세를 부과하지
>   아니함
> ② 토지나 건축물을 취득한 자가 그 취득한 날부터 1년 이내에 그에 인접한 토지나 건
>   축물을 취득한 경우에는 각각 그 전후의 취득에 관한 토지나 건축물의 취득을 1건의
>   토지 취득 또는 1구의 건축물 취득으로 보아 ①을 적용

26 취득세의 부과징수에 대한 설명이다. 틀린 것은?

① 등기·등록의 관서의 장은 취득세가 납부되지 아니하였거나 납부부족액을 발견하였
  을 때에는 다음 달 10일까지 납세지를 관할하는 시장·군수에게 통보하여야 한다.

② 토지 또는 건축물을 취득한 자가 그 취득일로부터 1년 이내에 인접된 토지나 건축
  물을 취득한 경우에는 이를 1건의 토지 또는 건축물을 취득한 것으로 간주하여 면
  세점 여부를 판단한다.

③ 재산권 그 밖의 권리의 취득 이전에 관한 사항을 공부에 등기하거나 등록을 하려는
  경우 취득일로부터 60일 이내에 취득세를 신고하고 납부하여야 한다.

④ 토지의 지목변경에 따라 사실상 그 가액이 증가된 경우 취득세의 신고를 하지 않고
  매각하더라도 취득세 중가산세 규정은 적용되지 아니한다.

⑤ 취득세의 신고기한이 지난 후 2개월이 되는 때에 당해 취득세를 부과 고지 받기 전
  까지 신고한 경우 신고 불성실 가산세를 100분의 30을 경감한다. 이 경우 지방자치
  단체의 장은 신고일부터 3개월 이내에 그 지방세의 과세표준과 세액을 결정하고 그
  내용을 통지하여야 한다.

27 지방세법상 취득세 부과징수에 관한 설명으로 옳은 것은?

① 취득세가 일반과세대상에서 중과세대상이 된 때에는 중과세 대상이 된 날로부터 60일 이내에 그 산출세액에서 이미 납부한 세액(가산세 포함)을 공제한 세액을 신고·납부하여야 한다.

② 부담부증여로 취득한 경우 취득일로부터 3개월 이내 취득세를 신고하고 납부하여야 한다.

③ 취득세 중과세율 적용시 주택수를 계산할 때 주택으로 재산세를 과세하는 오피스텔은 해당 오피스텔을 소유한 자의 주택수에 가산한다

④ 부동산등기법에 따라 채권자대위권에 의한 등기신청를 하려는 채권자는 납세의무자를 대위하여 취득세를 신고납부할 수 있다. 이 경우 지방자치단체의 장은 납세의무자에게 그 사실을 다음 달 10일까지 통보하여야 한다.

⑤ 무상승계취득한 취득물건을 취득일에 등기·등록한 후 화해조서·인낙조서에 의하여 취득일부터 60일 이내에 계약이 해제된 사실을 입증하는 경우에는 취득한 것으로 보지 아니한다.

28 다음 중 취득세에 대한 설명으로 틀린 것은?

① 취득세 납세의무자가 취득세 과세물건을 사실상 취득한 후 신고를 하지 아니하고 매각하는 경우에는 산출세액의 100분의 80을 가산한 금액을 세액으로 하여 보통징수 방법으로 징수한다.

② 지방자치단체의 장은 취득세 납세의무가 있는 법인이 장부 등의 작성과 보존의무를 이행하지 아니한 경우에는 산출된 세액 또는 부족세액의 100분의 20에 상당하는 금액을 징수하여야 할 세액에 가산한다.

③ 납세의무자가 신고기한까지 취득세를 시가인정액으로 신고한 후 지방자치단체의 장이 세액을 경정하기 전까지 그 시가인정액을 수정신고한 경우에는 과소신고가산세를 부과하지 아니한다.

④ 고급주택·골프장 또는 고급오락장용 건축물을 증축·개축 또는 개수한 경우와 일반건축물을 증축·개축 또는 개수하여 고급주택 또는 고급오락장이 된 경우에는 증가한 건축물 가액에 대하여 중과세율을 적용한다.

⑤ 국가·지방자치단체·지방자치단체조합이 취득세 과세물건을 매각하면 매각일로부터 30일 이내에 대통령령으로 정하는 바에 따라 그 물건 소재지를 관할하는 지방자치단체의 장에게 통보하거나 신고하여야 한다.

29 다음 자료에 의해 乙이 甲으로부터 부동산을 취득한 경우 취득세에 대한 설명으로 옳지 않은 것은?

> • 취득일: 2025년 10월 25일
> • 취득세 신고기한 내 등기하고자 함
> • 충청남도 천안 소재 부동산임
> • 대전광역시 서구에 거주함
> • 취득가격: 6억원

① 신고납부 기한 내 공부에 등기를 하려는 경우에는 등기 또는 등록 신청서를 등기 등록관서에 접수하는 날까지 취득세를 신고하고 납부하여야 한다.

② 부동산을 증여로 취득한 경우에는 시가인정액을 취득세 과세표준으로 한다.

③ 무주택자로서 취득한 부동산이 주택인 경우 유상거래 취득인 경우 취득세 세율은 10/1,000이다.

④ 乙이 부동산을 유상으로 취득한 경우 대전광역시 서구에 취득일로부터 60일 이내 취득세를 신고하고 납부하여야 한다.

⑤ 乙의 경우 취득할 때 납세의무가 성립하고 신고하는 때 납세의무가 확정되며 만일 신고를 하지 아니한 경우에는 과세권자 결정하는 때 납세의무가 확정된다.

테마 22   등록면허세 과세대상

1. 등록이란 재산권과 그 밖의 권리의 설정·변경·소멸에 관한 사항을 공부에 등기하거나 등록하는 것을 말한다. 다만, 취득을 원인으로 이루어지는 등기 또는 등록은 제외하되 다음의 하나에 해당하는 등기 또는 등록은 등록면허세를 과세한다.
   ① 광업권·어업권·양식업권의 취득에 따른 등록
   ② 외국인 소유의 취득세 과세대상 물건(차량·기계장비·선박·항공기만 해당)의 연부취득에 따른 등기 또는 등록
   ③ 취득세 부과제척기간이 경과한 후 해당 물건에 대한 등기 또는 등록
   ④ 취득세 면세점에 해당하는 물건의 등기 또는 등록

2. **납세의무자**
   재산권과 그 밖의 권리의 설정·변경 또는 소멸에 관한 사항을 공부에 등기하거나 등록하는 경우에 그 등록을 하는 자가 등록면허세를 납부할 의무를 진다.
   ① 저당권설정 : 저당권자
   ② 지역권설정 : 지역권자
   ③ 전세권설정 : 전세권자
   ④ 지상권설정 : 지상권자
   ⑤ 근저당권설정 : 채권자인 금융기관
   ⑥ 근저당권말소 : 채무자
   ⑦ 채권자대위등기
      ㉠ 甲 소유 미등기 건물에 대하여 乙이 처권확보를 위하여 대위권을 행사하여 甲 건물의 소유권보존등기를 한 경우 등록면허세 납세의무는 甲에게 있다.
      ㉡ 채권자 대위자는 납세의무자를 대위하여 부동산의 등기에 대한 등록면허세를 신고 납부할 수 있다. 이 경우 채권자대위자는 행정안전부령으로 정하는 바에 따라 납부확인서를 발급 받을 수 있다.

---

30 **다음은 등록면허세에 대한 설명이다. 틀린 것은?**

① 등기 또는 등록이 된 후 무효 또는 취소로 등기·등록이 말소된 경우에도 이미 납부한 등록면허세는 과오납으로 환급할 수 없다.

② 같은 등록에 관계되는 재산이 둘 이상의 지방자치단체에 걸쳐 소재하고 있어 등록면허세를 지방자치단체별로 부과할 수 없을 때에는 등록관청 소재지를 납세지로 한다.

③ 사실상 취득가격을 등록면허세 과세표준으로 하는 경우 등록당시 자산재평가의 사유로 그 가액이 달라진 경우에는 자산재평가 전 가액을 과세표준으로 한다.

④ 등록면허세의 경우 채권자 대위자는 납세의무자를 대위하여 부동산의 등기에 대한 등록면허세를 신고·납부할 수 있다. 이 경우 채권자 대위자는 행정안전부령이 정하는 바에 따라 납부확인서를 발급받을 수 있다.

⑤ 등기 또는 등록에 대한 등록면허세는 재산권 등 그 밖의 권리를 등기 또는 등록하는 때에 납세의무가 성립한다.

테마 23　등록면허세 과세표준

등록에 대한 등록면허세의 과세표준은 등록당시의 가액으로 한다. 다만, 취득을 원인으로 이루어지는 등록의 경우 취득당시가액으로 한다.

> • 등록당시에 자산재평가 또는 감가상각 등의 사유로 가액이 달라진 경우에는 변경된 가액을 과세표준으로 한다.
> • 취득세 부과 제척기간이 경과한 물건의 등기 또는 등록은 등기·등록당시가액과 취득당시가액 중 높은 금액을 과세표준으로 한다.

1. **채권금액** : 저당권, 경매신청, 가압류, 가처분

   채권금액으로 과세액을 정하는 경우에 일정한 채권금액이 없을 때에는 채권의 목적이 된 것의 가액 또는 처분의 제한의 목적이 된 금액을 그 채권금액으로 본다.

2. **건수(종량세)** : 토지의 합필등기, 지목변경등기, 말소등기, 건축물의 구조변경등기 등

3. **기타등기**
   ① 소유권, 지상권 설정등기 : 부동산가액
   ② 가등기 : 부동산가액 또는 채권금액
   ③ 전세권 설정등기 : 전세금액
   ④ 지역권 설정등기 : 요역지가액
   ⑤ 임차권 설정등기 : 월임대차금액
   ➥ 등록 당시에 자산재평가 또는 감가상각 등의 사유로 그 가액이 달라진 경우에는 변경된 가액(등록일 현재 법인장부 또는 결산서 등으로 증명되는 가액을 말한다)을 과세표준으로 한다.
   ➥ 무효 또는 취소로 등기, 등록이 말소되는 경우에도 이미 납부한 등록면허세는 과오납으로 환부할 수 없다.

31　다음은 등록면허세 과세표준에 대한 설명이다. 틀린 것은?

① 부동산 등기의 경우 등록면허세 납세지는 부동산 소재지이며 납세지가 불분명한 경우에는 등록관청소재지를 납세지로 한다.

② 가압류, 가처분의 경우에는 채권금액을 과세표준으로 하나 가등기의 경우에는 부동산가액 또는 채권금액을 과세표준으로 한다.

③ 지상권 설정등기를 말소하는 경우에는 부동산가액을 과세표준으로 한다.

④ 전세권 설정은 전세금액을, 지역권 설정은 요역지가액을 과세표준으로 한다.

⑤ 취득세 부과제척기간이 경과한 물건의 등기 또는 등록의 과세표준은 등록당시가액과 취득당시가액 중 높은 가액으로 한다.

테마 24 등록면허세 세율

1. 등록면허세 표준세율(부동산등기)

① 부동산등기의 세율

구 분		과세표준	세 율	비 고
보존등기		부동산가액	1,000분의 8	
이전등기	상 속	부동산가액	1,000분의 8	
	증여 등 무상	부동산가액	1,000분의 15	
	유 상	부동산가액	1,000분의 20	
지역권설정 및 이전		요역지가액	1,000분의 2	6,000원 미만인
전세권설정 및 이전		전세금액	1,000분의 2	경우에는
임차권설정 및 이전		월임대차금액	1,000분의 2	그 세액을
가압류, 가처분, 경매신청, 저당권		채권금액	1,000분의 2	6,000원으로 한다.
지상권		부동산가액	1,000분의 2	
가등기		부동산가액 또는 채권금액	1,000분의 2	
합필등기 · 지목변경 · 말소등기 · 건물구조변경		매 1건당	6,000원	─

② 대도시 내 법인등기 : 표준세율의 300/100(3배)

　단, 의료업, 할부금융업, 은행업 등은 중과 제외한다.

③ 부동산등기의 세율은 도지사가 조례로 정하는 바에 의하여 표준세율의 50% 범위 안에서 가감조정할 수 있다.

④ 최저세액 : 세액이 6,000원 미만인 때에는 6,000원을 그 세액으로 한다.

32 다음은 등록면허세의 세율에 관한 내용으로 틀린 것은?

① 임차권 설정등기의 경우 월 임대차금액의 2/1,000에 해당하는 세율을 적용한다.

② 부동산 등기의 경우에 한하여 등록면허세 세율을 표준세율의 100분의 50의 범위에서 가감조정할 수 있다.

③ 증여로 인한 소유권이전등기의 경우 부동산가액의 1,000분의 15의 세율을 적용한다.

④ 전세권 설정등기를 말소하는 경우에는 전세금액의 1,000분의 2의 세율을 적용한다.

⑤ 등록면허세는 부동산의 등기의 경우 세액이 6,000원 미만인 경우 그 세액을 6,000원으로 한다.

33 거주자인 개인 乙은 甲이 소유한 부동산(시가 6억원)에 전세기간 2년, 전세보증금 3억원으로 하는 전세계약을 체결하고 전세권 설정등기를 하였다. 지방세법상 등록면허세에 관한 설명으로 옳은 것은?

① 과세표준은 6억원이다.

② 표준세율은 월임대차금액의 1천분의 2이다.

③ 납부세액은 60만원이다.

④ 납세지는 부동산 소재지이다.

⑤ 납세의무자는 甲이다.

테마 25 등록면허세 부과징수

구 분		신고납부기한
일반적인 경우		등록을 하기 전까지
사후 관리 규정	중과세대상이 되었을 때	① 중과세대상이 된 날부터 60일 이내 ② 산출한 세액에서 이미 납부한 세액(가산세는 제외)을 공제한 금액
	부과대상 또는 추징대상이 되었을 때	① 그 사유 발생일부터 60일 이내 ② 산출한 세액에서 이미 납부한 세액(가산세는 제외)을 공제한 금액
신고의무를 다하지 아니한 경우에도 등록면허세 산출세액을 등록을 하기 전까지 납부하였을 때		신고를 하고 납부한 것으로 봄. 이 경우 신고불성실가산세를 부과하지 아니함(등록면허세만 적용, 취득세는 적용하지 않는다).
납세지		① 부동산 소재지 ② 같은 등록에 관계되는 재산이 둘 이상의 지방자치단체에 걸쳐 있어 등록면허세를 지방자치단체별로 부과할 수 없을 때: 등록관청 소재지 ③ 같은 채권 담보를 위하여 설정하는 둘 이상의 저당권을 등록하는 경우에는 이를 하나의 등기·등록으로 보아 그 등록에 관계되는 재산을 처음 등록하는 등록관청 소재지를 납세지로 한다. ④ 납세지가 분명하지 아니한 경우 등록관청 소재지

34 다음 중 등록면허세에 대한 설명으로 틀린 것은?

① 등기·등록관서의 장은 등기 또는 등록 후에 등록면허세가 납부되지 아니하였거나 납부부족액을 발견한 경우에는 다음 달 10일까지 납세지를 관할하는 시장·군수·구청장에게 통보하여야 한다.

② 등록면허세를 신고를 하지 아니한 경우라도 등록면허세 산출세액을 등기·등록을 하기 전까지 납부한 때에는 신고를 하고 납부한 것으로 보아 신고불성실가산세를 부과하지 아니한다.

③ 같은 채권의 담보를 위하여 설정하는 2 이상의 저당권의 등기·등록에 있어서는 이를 하나의 등기·등록으로 보아 처음 등기·등록하는 등기소 또는 등록관청 소재지를 납세지로 한다.

④ 채권금액에 의하여 과세표준을 정하는 경우에 일정한 채권금액이 없을 때에는 채권의 목적이 된 것 또는 처분제한의 목적이 된 금액을 그 채권금액으로 본다.

⑤ 한국은행법이나 한국수출입은행법에 따른 은행업을 영위하는 법인이 대도시에서 지점이나 분사무소를 설치함에 따른 법인등기를 하는 경우 그 세율은 표준세율의 100분의 300으로 중과세한다.

테마 26 취득세와 등록면허세 비교

구 분		취득세	등록면허세
과세주체		특별시, 광역시, 도세	도세 및 구세
납세의무성립시기		과세물건을 취득하는 때	등기 또는 등록을 하는 때
납세의무 확정시기	원 칙	신고하는 때	신고하는 때
	예외(신고 ×)	과세권자가 결정하는 때	과세권자가 결정하는 때
과세표준		취득당시가액	등기·등록당시가액
세 율		표준세율	표준세율
납세의무자		사실상 취득하는 자	등록을 하는 자(명의자)
신고납부기간		60일 이내(상속 : 6개월 / 9개월)	등기·등록하기 전까지
추가신고납부기간		60일 이내	60일 이내
중가산세		있음	없음
면세점		취득가액 50만원 이하	없음
최저세액		없음	6,000원 미만이면 6,000원
부가세		농어촌특별세, 지방교육세	지방교육세

35 다음은 취득세와 등록면허세에 관한 설명이다. 틀린 것은?

① 취득세는 과세표준 표시방법에 따라 종가세로 표시되고 등록면허세는 종가세와 종량세로 표시되며 취득세와 등록면허세 모두 차등 비례세율 구조로 되어있다.

② 취득세와 등록면허세는 신고할 때 납세의무가 확정되고 신고를 하지 아니한 경우에는 과세권자가 결정하는 때 납세의무가 확정되는 조세이다.

③ 부동산에 대한 취득세와 등록면허세 납세지는 부동산 소재지이고 납세지가 불분명한 경우 취득세는 물건 소재지를 납세지로 하고 등록면허세는 등록관청소재지를 납세지로 한다.

④ 취득세와 등록면허세는 소액징수면제를 적용하지 아니한다.

⑤ 등록면허세에서 등록은 재산권과 그 밖의 권리의 설정·변경 또는 소멸에 관한 사항을 공부에 등기하거나 등록하는 것을 말하며 취득세 과세대상에 해당하는 취득을 원인으로 이루어지는 등기 또는 등록을 포함한다.

테마 27   재산세 과세대상

1. 과세대상(물건별 과세. 단, 별도합산, 종합합산 대상 토지는 소유자별 합산과세한다)

- 토지, 건축물, 주택, 선박, 항공기

사실상 현황과 공부상 현황이 다른 경우 ⇨ 사실상 현황에 의한다. 다만, 다음의 경우에는 공부상 등재현황에 따라 부과한다.

① 관계 법령에 따라 허가 등을 받아야 함에도 불구하고 허가 등을 받지 않고 재산세의 과세대상물건을 이용하는 경우로서 사실상 현황에 따라 재산세를 부과하면 오히려 재산세 부담이 낮아지는 경우

② 재산세 과세기준일 현재의 사용이 일시적으로 공부상 등재현황과 달리 사용하는 것으로 인정되는 경우

(1) 주택 : 주거용 건물과 그 부속토지(토지와 건축물의 범위에 주택은 제외한다)

① 토지와 건축물 소유자가 다른 경우에도 토지 · 건축물 가액을 합한 과세표준에 세율을 적용한다.

② 동일 시 · 군 내 2 이상의 주택을 소유한 경우 주택별로 각각의 과세표준에 세율을 적용한다.

③ 다가구주택은 1세대가 독립하여 구분사용 할 수 있도록 구획된 부분을 1구의 주택으로 본다. 이 경우 부속토지는 건물면적 비율에 따라 각각 나눈 면적을 1구의 부속토지로 본다.

④ 겸용주택

    ㉠ 1동의 건물 ⇨ 주거부분만 주택

    ㉡ 1구의 건물 ⇨ 주거용이 50/100 이상이면 전부 주택

    cf 단, 허가를 받지 아니하거나 사용승인을 받지 아니하고 주거용으로 사용하는 면적이 전체 면적의 100분의 50 이상인 경우에는 그 건축물 전체를 주택으로 보지 아니하고 그 부속토지는 종합합산 대상 토지로 본다.

⑤ 주택의 부속토지 경계가 불분명한 경우 그 주택 바닥면적의 10배를 부속토지로 본다.

(2) 건축물(주거용 건축물 제외)

(3) 토 지

(4) 선 박

(5) 항공기

36 재산세의 과세대상에 대한 설명이다. 틀린 것은?

① 건축물에서 허가를 받지 아니하거나 사용승인을 받지 아니하고 주거용으로 사용하는 면적이 전체 면적의 100분의 50 이상인 경우에는 그 건축물 전체를 주택으로 보지 아니하고 그 부속토지는 종합합산과세대상토지로 본다.

② 건축법 시행령에 따른 다가구주택은 1가구가 독립하여 구분사용할 수 있도록 분리된 부분을 1구의 주택으로 보며 그 부속토지는 건물면적의 비율에 따라 각각 나눈 면적을 1구의 부속토지로 본다.

③ 주택의 부속토지 경계가 명백하지 아니한 경우에는 그 주택의 바닥면적의 10배에 해당하는 토지를 주택의 부속토지로 한다.

④ 재산세 과세대상 물건이 공부상 등재상황과 사실상의 현황이 상이한 경우에는 사실상의 현황에 의하여 재산세를 부과한다. 단, 공부상 등재 현황과 다르게 이용함으로써 재산세 부담이 낮아지는 경우 등 대통령령이 정하는 경우는 공부상 등재 현황에 따라 부과한다.

⑤ 1동의 건물이 주거와 주거 외의 용도에 겸용되는 경우에는 주거용으로 사용하는 면적이 100분의 50 이상인 경우에는 전체를 주택으로 본다.

테마 28 토지 과세대상 구분

1. 기준면적 초과 : 종합
2. 나, 잡, 초, 2/100 미달, 무허가건축물 부속토지 : 종합
3. 염전, 여객자동차 및 물류터미널용토지, 종중소우 : 분리
4. 자동차운전학원용토지 : 별도
5. 고급오락장, 골프장 : 분리
6. 시지역 이상 주거지역 내 공장용지 : 별도
7. 골프장 스키장 등 원형이 보전되는 임야 : 별도
8. ~ 차고용 토지 : 별도

37 다음 토지 중 재산세 종합합산과세대상에 해당되는 것으로 올바른 것은?

① 「여객자동차 운수사업법」 또는 「화물자동차 운수사업법」에 따라 여객자동차 운송
   사업 또는 화물자동차 운송사업의 면허·등록 또는 자동차대여사업의 등록을 받은
   자가 그 면허·등록조건에 따라 사용하는 차고용 토지로서 자동차운송 또는 대여사
   업의 최저보유차고면적기준의 배에 해당하는 면적 이내의 토지
② 군 지역에 소재하는 공장용 건축물 부속토지로서 공장입지 기준면적을 초과하는 토지
③ 일반영업용 건축물로서 건축물의 시가표준액이 해당 부속토지의 시가표준액의 100분
   의 2에 미달하는 건축물의 부속토지 중 그 건축물의 바닥면적에 해당하는 부속토지
④ 영업용 건축물의 부속토지 중 건축물의 바닥면적에 용도지역별 적용배율을 곱하여
   산정한 면적 범위의 토지
⑤ 1990년 5월 31일 이전에 취득하여 종중이 소유하는 농지

38 토지분 재산세 합산과세 대상에 해당하는 토지는 모두 몇 개인가?

> ㉠ 자동차 운전학원용 토지
> ㉡ 건축물의 시가표준액이 토지의 시가표준액의 100분의 2에 미달하는 건축물의 부속
>   토지 중 건축물 바닥면적을 제외한 부속토지
> ㉢ 여객자동차 터미널 및 물류터미널용 토지
> ㉣ 「체육시설의 설치·이용에 관한 법률 시행령」에 따른 회원제 골프장이 아닌 골프장
>   용 토지 중 원형이 보전 되는 임야
> ㉤ 서울특별시 산업단지와 공업지역 안에 위치한 공장용 건축물의 부속토지로 공장입
>   지기준면적을 초과하는 부분의 토지
> ㉥ 「건축법」 등 관계 법령에 따라 허가 등을 받아야 할 건축물로서 허가를 받지 아니한
>   공장용 건축물의 부속토지
> ㉦ 염전
> ㉧ 「자연공원법」에 따라 지정된 공원자원환경지구의 임야
> ㉨ 고급오락장용 부속토지

① 1개   ② 2개   ③ 3개
④ 4개   ⑤ 5개

39 다음의 어느 하나에 해당하는 경우에는 과세기준일로부터 15일 이내에 그 소재지 관할 지방자치단체장에게 신고를 하여야 한다. 이에 해당하지 않는 경우로 옳은 것은?

① 공유재산의 경우 그 지분권자
② 재산의 소유권의 변동 또는 과세대상 재산의 변동사유가 발생되었으나 과세기준일
  까지 등기가 되지 아니한 재산의 공부상 소유자
③ 상속이 개시된 재산으로서 상속등기가 되지 아니한 경우의 주된 상속자
④ 공부상 등재 현황과 사실상의 현황이 다르거나 사실상의 현황이 변경된 경우 해당
  재산의 사실상 소유자
⑤ 1세대가 둘 이상의 주택을 소유하고 있음에도 불구하고 1세대 1주택 특례세율을 적
  용받으려는 경우에 그 세대원

테마 29 **재산세 납세의무자**

1. 원 칙

① 재산세 과세기준일(매년 6월 1일) 현재 재산세 과세대상 자산을 사실상 소유한 자. 다만, 공유재산에 대한 납세의무자는 지분권자(지분표시가 없는 경우 : 균등)이다.

② 주택의 경우 건축물과 토지의 소유자가 다를 경우에는 산출세액을 건축물과 그 부속토지의 시가표준액을 기준으로 안분하여 각각 그 소유자를 납세의무자로 한다.

2. 예 외

구 분	내 용
공부상 소유자	• 소유권 변동시 신고하지 않아 사실상의 소유자를 알 수 없는 경우 • 사실상 중종재산으로 신고를 하지 않은 경우 • 파산선고 후 종결이 되지 않은 경우
주된 상속자	상속등기 이행하지 아니하고, 신고를 하지 않은 경우(주된 상속자란 지분이 가장 높은 자 / 가장 높은 자가 2인 이상인 경우 연장자를 말한다)
매수 계약자	국가 등과 연부계약 체결하고 무상으로 사용권을 부여받은 경우
위탁자	수탁자 명의의 신탁재산의 경우
사용자	소유권 귀속이 분명하지 않은 경우(사전에 통지하여야 한다)
사업 시행자	체비지 및 보류지의 경우
수입하는 자	외국인 소유의 항공기 또는 선박을 수입하는 경우
양수인	과세기준일 현재 양도 양수된 경우
무상사용자	국가등＋조성＋무상 사용

40 **재산세 납세의무자에 대한 설명이다. 틀린 것은?**

① 상속이 개시된 재산으로서 상속등기가 이행되지 아니하였으나 사실상 소유자를 신고한 경우에는 주된 상속자는 납세의무가 없다.

② 지방자치단체와 재산세 과세대상 재산을 연부로 매매계약을 체결하고 그 재산의 사용권을 유상으로 부여받은 경우에는 그 매수계약자는 재산세를 납부할 의무가 없다.

③ 공부상에 개인 등의 명의로 등재되어 있는 사실상의 종중 재산으로서 종중소유임을 신고하지 아니한 때에는 공부상의 소유자가 재산세를 납부할 의무가 있다.

④ 재산세 납세의무자는 과세기준일 현재 재산세 과세대장에 등재되어 있는 자를 원칙으로 한다.

⑤ 과세기준일 현재 양도·양수가 이루어진 경우 양수인이 재산세 납세의무를 진다.

41 다음 중 재산세 납세의무자에 대한 설명으로 옳은 것은?

① 주택의 건물과 부속토지의 소유자가 서로 다른 경우 그 주택에 대한 산출세액을 건축물과 부속토지의 면적비율로 안분계산한 부분에 대하여 그 소유자를 납세의무자로 본다.

② 신탁법에 의해 수탁자 명의로 등기된 신탁재산의 경우 재산세 납세의무자는 수탁자이다.

③ 공유재산인 경우 지분이 가장 큰 자가 납세의무자이다.

④ 국가·지방자치단체 등이 선수금을 받아 조성하는 토지로서 사실상 조성이 완료된 토지의 사용권을 무상으로 부여 받은 자가 있는 경우에는 무상으로 사용권을 부여 받은 자가 납세의무자이다.

⑤ 과세기준일 현재 소유권의 귀속이 분명하지 아니하여 사실상 소유자를 알 수 없는 경우에는 공부상 소유자를 납세의무자로 한다.

테마 30 재산세 비과세

① 국가 등이나 외국정부(상호주의 적용)가 소유하는 경우
② 국가 등이 1년 이상 공용 공공용으로 무상사용. 단, 유료로 사용하는 경우와 소유권 유상이
   전을 약정한 경우로서 그 재산을 취득하기 전에 미리 사용하는 경우는 과세한다.
③ 통제보호구역 내 토지(단, 전·답·과수원·대지는 제외)
④ 철거명령 받은 건축물 또는 주택(단, 부수토지는 과세)
⑤ 「도로법」에 따른 도로와 그 밖에 일반인의 자유로운 통행을 위하여 제공할 목적으로 개설
   한 사설도로(「건축법 시행령」 제80조의2에 따른 대지 안의 공지는 제외)
⑥ 임시사용건축물로 과세기준일 현재 1년 미만인 경우
⑦ 「산림보호법」에 따라 지정된 채종림, 시험림
⑧ 「자연공원법」에 의한 공원자연보존지구 안의 임야

42 **재산세 비과세 대한 설명으로 틀린 것은?**

① 국가·지방자치단체 또는 지방자치단체조합이 1년 이상 공용·공공용으로 유료로
   사용하는 경우 재산세를 과세한다.
② 행정관청으로부터 철거명령을 받은 건축물 등 재산세를 부과하는 것이 적절하지 아
   니한 건축물 또는 주택(건축물 부분어 한정)은 재산세를 부과하지 아니한다.
③ 「자연공원법」에 따른 공원자연보존지구 내 임야는 재산세를 부과하지 아니한다.
④ 군사시설보호구역 중 통제보호구역 안에 있는 전·답·과수원 대지는 비과세한다.
⑤ 「도로법」에 따른 도로와 그 밖에 일반인의 자유로운 통행을 위하여 제공할 목적으
   로 개설한 사설도로(대지 안의 공지는 제외)는 재산세를 부과하지 아니한다.

테마 31　재산세 과세표준

1. 과세표준(개인·법인 동일)

> 토지: <u>시가표준액</u> × 공정시장가액비율(70%)
> 　　　↳ 개별공시지가

> 건축물: <u>시가표준액</u> × 공정시장가액비율(70%)
> 　　　　↳ 시장·군수·구청장이 결정한 가액

> 주택: <u>시가표준액</u> × 공정시장가액비율(60%. 단, 1주택의 경우 예외)
> 　　　↳ 개별주택가격 또는 공동주택가격
> ●1세대 1주택
> 　① 3억원 이하: 43/100　② 3억원 초과 ~ 6억원 이하: 44/100　③ 6억원 초과: 45/100

> 선박: 시가표준액

> 항공기: 시가표준액

　cf 공정시장가액비율
　　① 토지·건축물: 50/100~90/100
　　② 주택: 40/100~80/100(단, 1세대 1주택: 30/100~70/100)

2. 주택에 대한 과세표준 상한액

시가표준액에 공정시장가액비율을 곱하여 산정한 주택의 과세표준이 다음 계산식에 따른 과세표준 상한액보다 큰 경우에는 해당 주택의 과세표준은 과세표준 상한액으로 한다.
① 과세표준 상한액 = 대통령령으로 정하는 직전 연도 해당 주택의 과세표준 상당액 + (과세기준일 당시 시가표준액으로 산정한 과세표준 × 과세표준 상한율)
② 과세표준 상한율 = 0에서 100분의 5 범위 이내로 대통령령으로 정하는 비율

---

43 다음은 재산세 과세표준과 세율에 대한 설명이다. 잘못된 것은?

① 법령에 따라 산정한 주택의 과세표준이 과세표준상한액[직전 연도 해당 주택의 과세표준 상당액 + (과세기준일 당시 시가표준액으로 산정한 과세표준 × 과세표준상한율)]보다 큰 경우에는 해당 주택의 과세표준은 과세표준상한액으로 한다.

② 종합합산대상 토지는 납세의무자가 소유하고 있는 시·군에 소재하는 종합합산대상이 되는 토지의 가액을 합한 금액을 과세표준으로 하여 초과누진세율을 적용한다.

③ 골프장, 고급오락장용 건축물에 대하여는 1,000분의 40의 세율을 적용한다.

④ 토지분 재산세 시가표준액은 과세기준일 현재 개별공시지가에 공정시장가액비율을 곱하여 산정한 가액으로 한다.

⑤ 주택에 대한 과세표준은 시가표준액에 부동산시장과 지방재정요건 등을 고려하여 시가표준액의 100분의 40부터 100분의 80 범위에서 대통령령이 정하는 공정시장가액비율을 곱하여 산정한다. 다만, 1세대 1주택의 경우 100분의 30에서 100분의 70까지로 한다.

테마 32 | 재산세 세율

1. 재산세 세율

재산세의 세율을 표준세율의 100분의 50 범위 내에서 가감조정할 수 있다. 다만, 가감조정한 세율은 당해 연도에 한하여 적용한다.

- 가감한 세율을 적용한 세액이 1세대 1주택에 대한 주택 특례세율을 적용한 세액보다 적은 경우에는 1세대 1주택 특례 세율을 적용하지 아니한다.
- 지방세특례제한법에도 불구하고 동일한 주탁이 1세대 1주택에 대한 주택 세율 특례와 지방세특례제한법에 따른 재산세 경감규정의 적용대상이 되는 경우에는 중복하여 적용하지 아니하고 둘 중 경감효과가 큰 것 하나만을 적용한다.

과세대상			세 율
토 지		종합합산과세대상	2/1,000~5/1,000 3단계 초과 누진세율
		별도합산과세대상	2/1,000~4/1,000 3단계 초과 누진세율
	분리과세 대상	농지, 목장용지, 임야	0.7/1,000 비례세율
		골프장, 고급오락장용 토지	40/1,000
		기타 토지	2/1,000
건축물		골프장, 고급오락장용 건축물	40/1,000
		시 지역의 주거지역 등 공장용 건축물	5/1,000
		기타 건축물	2.5/1,000
주 택		주택(고급주택 포함)	1/1,000~4/1,000 4단계 초과 누진세율
		1세대 1주택(9억원 이하 주택)	0.5/1,000~ 3.5/1,000
선 박		고급선박	50/1,000
		고급선박 외 선박	3/1,000
항공기			3/1,000

2. 세율 적용

① 분리과세대상이 되는 해당 토지의 가액을 과세표준으로 하여 세율을 적용한다.

② 납세의무자가 소유하고 있는 해당 지방자치단체 관할구역에 있는 별도합산과세대상이 되는 토지의 가액을 모두 합한 금액을 과세표준으로 하여 세율을 적용한다.

③ 납세의무자가 소유하고 있는 해당 지방자치단체 관할구역에 있는 종합합산과세대상이 되는 토지의 가액을 모두 합한 금액을 과세표준으로 하여 세율을 적용한다.

④ 주택에 대한 재산세는 주택별로 세율을 적용한다.

⑤ 주택을 2명 이상이 공동으로 소유하거나 즈택의 건물과 부속토지의 소유자가 다를 경우 해당 주택의 토지와 건물의 가액을 합산한 과세표준에 세율을 적용한다.

44 다음은 재산세의 세율 적용에 대한 내용이다. 옳지 않은 것은?

① 주택(고급주택 포함)에 대한 재산세 세율은 1/1,000 ~ 4/1,000 4단계 초과누진세율을 적용한다.

② 토지와 건물의 소유자가 다른 주택에 대해 세율을 적용할 때 해당 주택의 토지와 건물가액을 소유자별로 구분 계산한 과세표준에 해당 세율을 적용한다.

③ 1주택자로 시가표준액이 9억원 이하인 주택은 0.5/1,000 ~ 3.5/1,000 4단계 초과누진세율을 적용한다.

④ 지방자치단체의 장은 특별한 재정수요나 재해 등의 발생으로 재산세의 세율 조정이 불가피하다고 인정되는 경우 조례로 정하는 바에 따라 표준세율의 100분의 50의 범위에서 가감할 수 있다. 다만, 가감한 세율은 해당 연도에만 적용한다.

⑤ 시 이상 지역의 주거지역 등의 공장 건축물의 경우 1,000분의 5의 세율을 적용한다.

테마 33 재산세 부과징수

1. 과세기준일

재산세 과세기준일은 매년 6월 1일로 한다.

- ➡ 시장, 군수는 과세대상 누락, 위법 또는 착오 등으로 인하여 이미 부과한 세액을 변경시키거나 수시 부과하여야 할 사유가 발생한 때에는 수시로 부과징수할 수 있다.

2. 납 기

과세물건	납부기한
건축물 · 선박 · 항공기	7월 16일 ~ 7월 31일
주 택	① 7월 16일 ~ 7월 31일 $\left(\dfrac{1}{2}\right)$ ② 9월 16일 ~ 9월 30일 $\left(\dfrac{1}{2}\right)$
토 지	9월 16일 ~ 9월 30일

주택의 당해 연도 부과세액이 20만원 이하의 경우 조례가 정하는 바에 의하여 납기를 7월 16일부터 7월 31일까지 한꺼번에 부과징수할 수 있다.

3. 징수방법 등

① 재산세는 관할 시장 · 군수가 세액을 산정하여 보통징수방법에 의하여 부과징수한다.

② 재산세를 징수하고자 하는 때에는 토지, 건축물, 주택, 선박 및 항공기로 구분한 납세고지서에 과세표준액과 세액을 기재하여 늦어도 납기개시 5일 전까지 발부하여야 한다.

③ 신탁재산의 위탁자가 재산세 등을 체납한 경우로서 그 위탁자의 다른 재산에 대하여 체납처분을 하여도 징수할 금액에 미치지 못할 때에는 해당 신탁재산의 수탁자는 그 신탁재산으로서 위탁자의 재산세 등을 납부할 의무가 있다.

④ 토지에 대한 재산세는 한 장의 납세고지서로 발급하며 토지 외의 재산에 대한 재산세는 건축물 주택 선박 항공기로 구분하여 과세대상 물건마다 한 장의 납세고지서로 발급하거나 물건의 종류별로 한 장의 고지서로 발급할 수 있다.

4. 납부지연가산세

① 납부기한까지 납부하지 아니한 경우 : 3%

② 납부기한 지난 후 : 매 1개월마다 66/10,000(60개월을 초과할 수 없다). 지방세가 45만원 미만이면 적용하지 아니한다.

5. 재산세의 부가세와 병기고지세목

① 부가세 : 지방교육세(재산세 도시지역분은 제외) 20%

② 병기고지 : 소방분에 대한 지역자원시설세

6. 소액징수면제 : 고지서 1매당 납부세액이 2,000원 미만시 징수하지 아니한다(2,000원이면 징수한다).

45 **재산세에 대한 설명 중 옳은 것은?**

① 동일 시·군 내에 여러 개의 주택을 보유한 경우에는 시·군 내 소재하는 주택을 소유자별로 합산한 과세표준에 초과누진세율을 적용한다.

② 지방자치단체의 장은 요건을 모두 충족하는 납세의무자가 1세대 1주택의 재산세액의 납부유예를 그 납부기한 만료 10일 전까지 신청하는 경우 이를 허가할 수 있다. 이 경우 납부유예를 신청한 납세의무자는 그 유예할 주택 재산세에 상당하는 담보를 제공하여야 한다.

③ 시장·군수는 과세대상 누락·위법 또는 착오 등으로 인하여 이미 부과한 세액을 변경하거나 수시부과하여야 할 사유가 발생한 때에도 수시로 부과·징수할 수 없다.

④ 재산세의 부가세는 지방교육세 20%가 부가세로 부과된다. 다만, 재산세 도시지역분 세액은 제외한다.

⑤ 소유권 변동사유가 발생한 재산은 과세기준일로부터 10일 이내에 그 내용을 신고하여야 하며 신고를 하지 아니한 경우에는 신고불성실 가산세 10%를 부과한다.

46 **다음 중 재산세에 대한 설명으로 옳지 않은 것은?**

① 재산세 세율은 비례세율과 초과누진세율을 적용한다.

② 지방세 중 물납이 가능한 조세는 재산세이다. 따라서 재산세 고지서에 병기하여 고지할 수 있는 소방분지역자원시설세와 부가세인 지방교육세 등은 물납할 수 없다.

③ 주택의 경우 주택의 공시가격이 6억원인 경우 재산세 세부담 상한은 100분의 150이다.

④ 재산세 납부세액이 250만원을 초과하는 경우 납부기한이 지난 날로부터 3개월 이내에 분할납부할 수 있다.

⑤ 납세고지서를 발부하는 경우 토지에 대한 재산세는 한 장의 고지서로 발부하되 토지 외의 재산에 대한 재산세는 건축물, 주택, 선박 및 항공기로 구분하여 과세대상 물건마다 각각 한 장의 고지서로 발급하거나 물건의 종류별로 한 장의 고지서로 발급할 수 있다.

47 다음은 재산세에 대한 설명이다. 틀린 것은?

① 고지서 1장당 재산세로 징수할 세액이 2천원인 경우 해당 재산세를 징수한다.

② 건축물에서 허가를 받지 아니하거나 사용승인을 받지 아니하고 주거용으로 사용하는 면적이 전체 건축물 면적의 100분의 50 이상인 경우에는 그 건축물 전체를 주택으로 보지 아니하고 그 부속토지는 종합합산대상 토지로 본다.

③ 재산세는 과세기준일에 납세의무가 성립하고 과세권자가 결정하는 때 납세의무가 확정된다.

④ 해당 연도에 부과할 토지분 재산세액이 20만원 이하인 경우 조례로 정하는 바에 따라 납기를 7월 16일부터 7월 31일까지로 하여 한꺼번에 부과·징수할 수 있다.

⑤ 신탁재산의 위탁자가 재산세 등을 체납한 경우로서 그 위탁자의 다른 재산에 대하여 체납처분을 하여도 징수할 금액에 디치지 못할 때에는 해당 신탁재산의 수탁자는 그 신탁재산으로서 위탁자의 재산세 등을 납부할 의무가 있다.

테마 34 물납과 분납

물납(허가 : ○) **및 분납**(허가 : ×)
① 물납(1,000만원 초과시) : 납기개시 10일 전 신청 ⇨ 5일 이내 통지 : 허가시 10일 이내 서류 제출, 불허가시 10일 이내 변경신청 ⇨ 관할구역(전국 ×) 부동산(재산세 과세대상 ×)
② 물납 부동산 평가 : 과세기준일 현재 시가에 의한다.
  단, 과세기준일 전 6개월부터 과세기준일까지 보상가액, 공매가격, 감정가액, 사실상 취득가액이 있는 경우 ⇨ 시가로 본다(둘 이상이 있는 경우 과세기준일에 가장 가까운 것을 시가로 본다).
③ 분납(허가 필요 없음) : 250만원 초과시 3개월 이내 분납 가능
  ㉠ 500만원 이하 : 250만원 초과 금액
  ㉡ 500만원 초과 : 50/100 이하 금액
    ⓐ 분납신청시 과세권자는 고지서를 수정고지하여야 한다.
    ⓑ 소방분에 대한 지역자원시설세의 경우에도 재산세에 병기고지되는 경우로서 재산세를 분할납부하는 경우에는 분할납부가 가능하다.

구 분	신 청	허가여부
물 납	납부기한 10일 전까지	○
분할납부	납부기한까지	×

48 **다음은 지방세법상 물납과 분납 규정에 대한 설명으로 틀린 것은?**
① 납부할 세액이 1천만원을 초과하는 경우에는 납세의무자의 신청을 받아 지방자치단체의 관할구역 안에 소재하는 부동산에 한하여 물납을 허가할 수 있다.
② 물납신청은 납부기한 10일 전까지 신청하여야 하며 물납의 신청을 받은 지방자치단체의 장은 신청을 받은 날부터 5일 이내에 그 허가 여부를 서면으로 통지하여야 한다.
③ 주택분 재산세 납부세액이 800만원인 경우에는 최대 300만원을 분할납부할 수 있다.
④ 물납을 허가하는 부동산의 가액은 과세기준일 현재 시가에 의한다.
⑤ 분납을 신청한 경우에는 과세권자는 납부기한 내 납부할 납세고지서와 분납 기간내 납부할 납세고지서로 구분하여 수정고지 하여야 한다.

49 甲은 공시가격이 6억원인 토지를 보유하고 있다. 동 토지에 대하여 2024년에 납부한 재산세액은 50만원인 경우로서, 2025년도 재산세가 100만원인 경우 2025년도 9월 16일부터 9월 30일까지 甲이 납부할 재산세액은 얼마인가?
① 275,000원　　　　② 750,000원　　　　③ 550,000원
④ 250,000원　　　　⑤ 500,000원

50 재산세 부과징수에 대한 설명이다. 옳은 것은?

① 재산세 과세대상 토지는 분리과세대상, 종합합산대상, 별도합산대상으로 구분하여 시·군·구 별로 소유자별로 합산하여 초과누진세율을 적용한다.

② 재산세 물납을 하고자 하는 경우 납부기한까지 법령이 정하는 서류를 갖추어 시장·군수·구청장에게 신청하여야 한다.

③ 소유권 변동 등으로 인한 신고의무가 있는 납세의무자가 신고를 하지 아니한 경우에는 가산세가 부과되며 시장·군수는 그 재산의 소유자를 직권으로 등기할 수 있다.

④ 과밀억제권역 내 공장 신·증설의 경우 공장 건축물에 대하여 표준세율의 500/100에 해당하는 세율을 5년간 중과세 하지만 중과세 기간 중에 승계 취득한 자는 남은 기간에 대하여 납세의무가 없다.

⑤ 재산세를 징수하려면 토지, 건축물, 주택, 선박, 항공기로 각각 구분된 납세고지서에 과세표준과 세액을 적어 늦어도 납기개시 5일 전까지 발급하여야 한다.

51 다음 중 재산세에 대한 설명으로 옳은 것은?

① 주택의 부속토지 경계가 명백하지 아니한 경우에는 그 주택의 바닥면적의 10배에 해당하는 토지를 주택의 부속토지로 한다.

② 지방세특례제한법에도 불구하고 동일한 주택이 1세대 1주택에 대한 주택 세율 특례와 재산세 경감규정의 적용대상이 되는 경우로서 이 둘이 중복되는 경우에는 중복하여 적용한다.

③ 주택에 대한 재산세의 납기는 건물분은 7월 16일부터 7월 31일까지, 토지분은 9월 16일부터 9월 30일까지이다.

④ 재산세는 원칙적으로 납세의무성립일로부터 7년이 지나면 재산세를 부과할 수 없다.

⑤ 물납 신청 후 불허가 통지를 받은 경우에는 다른 부동산으로 변경 신청할 수 없고 금전으로만 납부하여야 한다.

테마 35 ｜ 주택분 종합부동산세

1. 주택분 납세의무자 주택의 공시가격을 합산한 금액이 9억원(1세대 1주택 단독명의자 : 12억원)을 초과하는 자(법인은 금액에 관계없이 납세의무가 있다)

2. **과세표준**

　　납세의무자별로 주택의 공시가격을 합한 금액에서 9억원(1세대 1주택 : 12억원)을 공제한 금액에 공정시장가액비율을 곱한 금액으로 한다(법인소유 주택은 공제 배제).

　① 9억원 초과부분에 대하여 부과된 재산세액(지방세법에 의한 가감조정된 세율이 적용된 경우에는 그 세율이 적용된 세액을 말함)은 주택분 종합부동산세의 산출세액에서 공제한다(이중과세되므로).

　② 세액공제(단, 공제율 합계 100분의 80의 범위 안에서 중복공제가 가능)

　　㉠ 1세대 1주택 연령별 세액공제

연령별	공제율
만 60세 이상~만 65세 미만	100분의 20
만 65세 이상~만 70세 미만	100분의 30
만 70세 이상	100분의 40

　　㉡ 1세대 1주택 장기보유 세액공제

보유기간	공제율
5년 이상~10년 미만	100분의 20
10년 이상~15년 미만	100분의 40
15년 이상	100분의 60

3. **세 율**

주 택	개 인	2주택 이하	5/1,000 ~ 27/1,000
		3주택 이상	5/1,000 ~ 50/1,000
	법인(공익법인 등은 제외)	2주택 이하	27/1,000
		3주택 이상	50/1,000

4. **세부담상한** : 100분의 150(법인은 적용 안함)

테마 36   토지분 종합부동산세

1. 납세의무자
① 종합합산과세대상 토지

국내에 소재하는 당해 과세대상 토지의 공시가격을 합한 금액이 5억원을 초과하는 자
② 별도합산과세대상 토지

국내에 소재하는 당해 과세대상 토지의 공시가격을 합한 금액이 80억원을 초과하는 자

2. 과세표준
① 종합합산과세대상 토지

납세의무자별로 당해 과세대상 토지의 공시가격을 합한 금액에서 5억원을 공제한 금액에 공정시장가액비율을 곱한 금액으로 한다.
② 별도합산과세대상 토지

납세의무자별로 당해 과세대상 토지의 공시가격을 합한 금액에서 80억원을 공제한 금액에 공정시장가액비율을 곱한 금액으로 한다.

3. 세 율

토 지	별도합산대상 토지	5/1,000 ~ 7/1,000
	종합합산대상 토지	10/1,000 ~ 30/1,000

4. 재산세액 공제
지방세법에 의한 가감조정된 세율이 적용된 경우에는 그 세율이 적용된 세액, 세부담상한을 적용받는 경우에는 그 상한을 적용받은 세액을 말한다.

5. 세부담상한
① 종합합산과세대상 토지 : 100분의 150
② 별도합산과세대상 토지 : 100분의 150

테마 37 종합부동산세 부과징수

1. 부과징수
① 과세기준일 : 매년 6월 1일
② 납기 : 매년 12월 1일 ~ 12월 15일까지(신고납부 선택시에도 동일)

2. 징수방법
① 정부부과 방법(예외 : 신고납부 − 신고납부를 하는 경우 과세권자의 결정은 없었던 것으로 본다)
② 납부기간(신고납부도 동일) : 매년 12월 1일 ~ 12월 15일
③ 분납(250만원 초과시 6개월 이내) 가능
④ 부가세 : 농어촌특별세 ⇨ 종합부동산세액의 20%
⑤ 무신고가산세 : ×, 과소신고가산세 : ○

3. 납부유예(100만원 초과의 경우 해당)
관할세무서장은 다음 각 호의 요건을 모두 충족하는 납세의무자가 주택분 종합부동산세액의 납부유예를 그 납부기한 만료 3일 전까지 신청하는 경우 이를 허가할 수 있다. 이 경우 납부유예를 신청한 납세의무자는 그 유예할 주택분 종합부동산세액에 상당하는 담보를 제공하여야 한다.
① 과세기준일 현재 1세대 1주택자일 것
② 과세기준일 현재 만 60세 이상이거나 해당 주택을 5년 이상 보유하고 있을 것

4. 세부담상한

구 분		재산세	종합부동산세(금액무관)
토 지	종합합산	150/100	150/100
	별도합산	150/100	150/100
건축물		150/100	−
주 택		폐지	150/100

주택에 대한 세부담상한의 기준이 되는 직전 연도에 해당 주택에 부과된 주택에 대한 총세액상당액은 납세의무자가 해당 연도의 과세표준 합산주택을 직전 연도 과세기준일에 실제로 소유하였는지의 여부를 불문하고 직전 연도 과세기준일 현재 소유한 것으로 보아 계산한다.

52 다음 종합부동산세에 관한 설명으로 옳지 않은 것은?

① 관할 세무서장은 납부하여야 할 세액이 1천만원을 초과하면 물납을 허가할 수 있다.

② 관할 세무서장이 종합부동산세를 부과·징수하는 경우 납부고지서에 주택 및 토지로 구분한 과세표준과 세액을 기재하여 납부기간 개시 5일 전까지 발부하여야 한다.

③ 개인이 2주택 이하를 소유한 경우 5/1,000 ~ 27/1,000의 초과누진세율을 적용하고 별도합산대상토지의 경우 5/1,000 ~ 7/1,000 초과누진세율을 종합합산대상토지는 10/1,000 ~ 30/1,000의 초과누진세율을 적용한다.

④ 종합부동산세는 과세기준일에 납세의무가 성립하고 과세권자가 결정하는 때 납세의무가 확정된다.

⑤ 법인(공익법인 등은 제외) 소유 주택의 경우 과세표준 계산시 9억원 공제를 적용하지 않고 세부담상한도 적용하지 아니하며 세율은 비례세율(27/1,000 또는 50/1,000)을 적용한다.

53 다음은 종합부동산세에 관한 내용이다. 옳은 것은?

① 관할 세무서장은 종합부동산세로 납부하여야 할 세액이 500만원을 초과하는 경우는 그 세액의 일부를 납부기한이 경과한 날부터 6개월 이내에 분납하게 할 수 있다.

② 종합부동산세는 주택에 대한 종합부동산세와 토지에 대한 종합부동산세의 세액을 합한 금액을 그 세액으로 한다.

③ 종합합산대상 토지에 대한 종합부동산세의 과세표준은 납세의무자별로 전국의 종합합산대상 토지의 공시가격을 합산한 금액에서 5억원을 공제한 금액으로 한다.

④ 종합부동산세는 납세의무자가 선택하는 경우 신고납부할 수 있으며 신고납부를 선택하는 경우 이미 부과된 과세권자의 결정은 없었던 것으로 본다. 이때 신고를 하지 아니한 경우 무신고가산세와 과소신고가산세가 부과된다.

⑤ 1세대 1주택자의 연령별 세액공제와 장기보유세액공제가 중복되는 경우는 공제율 합계 100분의 70 범위에서 중복공제가 가능하다.

54 다음은 종합부동산세에 관한 내용이다. 틀린 것은?

① 1세대가 일반 주택과 합산배제 신고한 임대주택을 각각 1채씩 소유한 경우 해당 일반 주택에 그 주택 소유자가 과세기준일 현재 그 주택에 주민등록이 되어 있고 실제로 거주하고 있는 경우에 한정하여 1세대 주택에 해당한다.

② 합산 배제 주택에 해당하는 주택을 보유한 납세의무자는 당해 연도 9월 16일부터 9월 30일까지 대통령령이 정하는 바에 따라 납세지 관할세무서장에게 당해 주택의 보유현황을 신고하여야 한다.

③ 과세대상 토지가 매매로 유상이전되는 경우로서 매매계약서 작성일이 2025년 6월 1일이고, 잔금지급 및 소유권이전등기일이 2025년 6월 29일인 경우 종합부동산세 납세의무자는 매도자이다.

④ 1주택과 다른 주택의 부속토지(주택의 건물과 부속토지의 소유자가 다른 경우의 그 부속토지를 말함)를 함께 소유하고 있는 경우에는 1세대 1주택자로 본다.

⑤ 거주자 甲이 2024년부터 보유한 3주택(주택 수 계산에서 제외되는 주택은 없음) 중 2주택을 2025년 6월 17일에 양도하고 동시에 소유권이전등기를 한 경우, 甲의 2025년도 주택분 종합부동산세액은 1주택을 소유한 경우의 세율을 적용하여 계산한다.

55 다음은 종합부동산세에 대한 설명이다. 틀린 것은?

① 관할 세무서장은 종합부동산세로 납부할 세액이 400만원인 경우 최대 150만원을 납부기한 경과한 날로부터 6개월 이내 분납하게 할 수 있다.

② 종합부동산세 납세의무자가 개인인 경우 납세지는 「소득세법」상의 납세지를 준용한다.

③ 관할세무서장은 납부하여야 할 종합부동산세의 세액을 결정하여 당해 연도 12월 1일부터 12월 15일까지 부과·징수한다.

④ 과세기준일 현재 만 60세 이상인 자가 보유하고 있는 종합부동산세 과세대상인 토지에 대하여는 연령에 따른 세액공제를 받을 수 있다.

⑤ 주택분 종합부동산세액에서 공제되는 재산세액은 재산세 표준세율의 100분의 50범위에서 가감된 세율이 적용된 경우에는 그 세율이 적용된 세액으로 하고 재산세 세부담상한을 적용받은 경우에는 그 상한을 적용받은 세액으로 한다.

56 다음은 종합부동산세 대한 설명이다. 틀린 것은?

① 주택에 대한 세부담상한의 기준이 되는 직전 연도에 해당 주택에 부과된 주택에 대한 총세액상당액은 납세의무자가 해당 연도의 과세표준 합산주택을 직전 연도 과세기준일에 실제로 소유하였는지의 여부를 불문하고 직전 연도 과세기준일 현재 소유한 것으로 보아 계산한다.

② 1세대 1주택 부부 공동명의자의 경우 9월 16일부터 9월 30일까지 1주택 단독명의자로 신청할 수 있다.

③ 「건축법」 등 관계 법령에 따라 허가 등을 받아야 할 건축물로서 허가 등을 받지 아니한 건축물의 부속토지는 종합부동산세 과세대상이다.

④ 관할세무서장은 법령이 정하는 요건을 모두 충족하는 납세의무자가 주택분 종합부동산세액의 납부유예를 그 납부기한 관료 3일 전까지 신청하는 경우 이를 허가할 수 있다. 이 경우 납부유예를 신청한 납세의무자는 그 유예할 주택분 종합부동산세액에 상당하는 담보를 제공하여야 한다.

⑤ 주택분 종합부동산세액을 계산할 때 1주택을 여러 사람이 공동으로 매수하여 소유한 경우 지분이 가장 큰 자가 소유한 것으로 본다.

57 2025년 종합부동산세에 대한 설명으로 옳지 않은 것은?

① 종합부동산세 납세의무자가 비거주자인 개인으로서 국내사업장이 없고 국내 원천소득이 발생하지 아니하는 1주택을 소유한 경우 그 주택 소재지를 납세지로 한다.

② 「신탁법」 제2조에 따른 수탁자의 명의로 등기 또는 등록이 된 신탁재산으로서 주택의 경우에는 같은 조에 따른 위탁자가 종합부동산세를 납부할 의무가 있다. 이 경우 위탁자가 신탁재산을 소유한 것으로 본다.

③ 납세자에게 부정행위가 없으며 특례제척기간에 해당하지 않는 경우 원칙적으로 납세의무 성립일로부터 7년이 지나면 종합부동산세를 부과할 수 없다.

④ 별도합산대상 토지와 종합합산대상토지 주택의 경우 세부담상한은 100분의 150이다.

⑤ 1세대 1주택자는 주택의 공시가격을 합산한 금액에서 12억원을 공제한 금액에 공정시장가액비율(60%)을 곱한 금액을 과세표준으로 한다

58 「종합부동산세법」상 주택분 종합부동산세액의 계산시 적용하여야 하는 주택 수에 관한 설명으로 틀린 것은?

① 1주택을 여러 사람이 공동으로 소유한 경우 공동 소유자 각자가 그 주택을 소유한 것으로 본다.

② 상속을 통해 공동 소유한 주택으로 과세기준일 현재 주택에 대한 소유 지분율이 30% 이하인 경우 기간과 관계없이 주택수에서 제외한다.

③ 「건축법 시행령」 별표1 제1호 다목에 따른 다가구주택은 1주택으로 본다.

④ 1세대 1주택자가 종전주택 양도 전 다른 주택을 대체 취득한 경우 주택수에서 제외한다. 단, 신규주택 취득 후 3년 이내 종전 주택 양도하는 경우로 한정한다.

⑤ 1세대 1주택자가 지방 저가주택(수도권, 광역시, 특별자치시 밖의 소재 주택)으로 공시가격 4억원 이하인 주택은 주택수에 제외한다.

테마 38 　재산세와 종합부동산세 비교

구 분	재산세	종합부동산세
과세주체	시, 군, 구, 특별자치시, 특별자치도	국가
납세의무 성립시기	과세기준일	과세기준일
과세대상	토지, 건축물, 주택, 선박, 항공기	별도 종합 주택
고급주택	과세(누진세율)	과세
세 율	① 비례세율 ② 누진세율(별도, 종합, 주택)	누진세율 (단, 법인소유 주택 : 비례세율)
소액징수면제	○	×
물 납	① 1천만원 초과 ② 관할구역 내 부동산	×
분 납	250만원 초과(3개월 이내)	250만원 초과(6개월 이내)
세부담상한	① 토지, 건축물 : 150/100 ② 주택은 폐지	① 별도, 종합 : 150/100 ② 주택 : 150/100
납세지	물건소재지 시, 군, 구	거주자 : 주소지 관할 세무서
부가세	지방교육세 20%	농어촌특별세 20%

59 거주자 甲은 2025년 국내에 주택 2채(다가구주택 아님) 및 상가건축물 1채와 별도합산대상토지 2필지를 소유하고 있다. 甲의 2025년 귀속 재산세와 종합부동산세에 대한 설명으로 옳은 것은?

① 甲의 별도합산대상토지의 경우 재산세는 토지별로 각각의 과세표준에 초과누진세율을 적용하고 종합부동산세의 경우 납세의무자별로 합산한 과세표준에 초과누진세율을 적용한다.

② 甲의 상가건축물에 대한 종합부동산세 과세표준은 납세의무자별로 건축물의 공시가격을 합한 금액에 공정시장가액비율을 곱한 금액을 과세표준으로하여 비례세율을 적용한다.

③ 甲의 주택의 경우 재산세는 세부담상한을 적용하지 않지만 종합부동산세는 세부담상한을 적용한다.

④ 甲의 주택의 경우 재산세는 주택의 과세표준을 합한 과세표준에 세율을 적용하고 종합부동산세의 경우 주택별로 각각의 과세표준에 세율을 적용한다.

⑤ 甲의 주택에 대한 종합부동산세는 공시가격 합한 금액에서 12억원을 공제한 금액에 공정시장가액비율을 곱한 금액으로 한다.

60 다음은 종합부동산세와 재산세에 대한 설명이다. 틀린 것은?

① 재산세와 종합부동산세의 납세의무 성립시기는 동일하지만 납세지는 다르다.

② 재산세의 경감에 관한 규정은 종합부동산세를 부과함에 있어서 이를 준용한다.

③ 재산세와 종합부동산세는 납부세액이 250만원을 초과하는 경우 납부기한 지난 후 3개월 이내 분할납부할 수 있다.

④ 재산세는 과세대상별로 납부기간을 다르게 규정하지만 종합부동산세는 과세대상의 종류와 관계없이 동일하다.

⑤ 재산세와 종합부동산세의 분납의 경우 기준금액은 동일하지만 분납기간은 다르다.

테마 39 양도소득세 과세대상

구 분	과세대상
부동산 및 이에 준하는 것	① 부동산(토지와 건물) ② 부동산에 관한 권리 　㉠ 부동산을 이용할 수 있는 권리 　　ⓐ 지상권 　　ⓑ 전세권 　　ⓒ **등기된** 부동산임차권 　㉡ 부동산을 취득할 수 있는 권리(분양권 등) ③ 기타자산 　㉠ 특정시설물 이용권(골프 회원권 등) 　㉡ 사업에 사용하는 토지, 건물, 부동산에 관한 권리와 **함께** 양도하는 영업권 　㉢ 토지 건물과 **함께** 양드하는 이축권
주식 등	
파생상품 · 신탁수익권	

61 다음 중 양도소득세 과세대상으로 옳지 않은 것은?

① 영업권(사업에 사용하는 토지 · 건물 · 부동산에 관한 권리와 분리하여 양도하는 것)

② 등기된 부동산임차권

③ 부동산 매매계약을 체결한 자가 계약금만 지급한 상태에서 양도하는 권리

④ 토지 건물과 함께 양도하는 이축권

⑤ 법인의 주식을 소유하는 것만으로 시설물을 배타적으로 이용하게 되는 경우 그 주식의 양도

테마 40 　양도의 형태 구분

양도란 자산에 대한 등기·등록과 관계없이 그 자산을 유상으로 이전하는 것을 말한다.

cf 양도로 보지 않는 경우는 반대로 어떤 경우에 양도에 해당하는지 여부도 함께 정리해야 한다.

양도로 보는 경우

매 매	
교 환	
법인에 대한 현물출자	
대물변제(위자료)	
부담부증여	채무인수 : 양도
	채무인수 이외 : 증여
공매, 경매	
수 용	
기 타	• 적법하게 소유권이전 후 당사자 간 합의로 환원 • 양도담보 후 채무불이행으로 변제에 충당 • 이혼위자료 등을 부동산 등으로 소유권을 이전하는 경우

양도로 보지 않는 경우

무상이전	
환지처분 (감환지의 경우 양도로 본다)및 보류지 충당	
양도담보	
공유물의 지분 변동 없이 분할, 재분할	
재산분할청구 소송에 의한 분할	
매매원인 무효 소로 인한 소유권 환원	
법원의 확정판결에 의하여 신탁해지를 원인으로 소유권이전등기 하는 경우	
지적경계선 변경을 위한 토지의 교환	
기 타	본인 소유자산을 경매로 인하여 본인이 재취득

● 배우자 직계존비속간의 양도시 증여추정의 예외(양도로 보는 경우)

1. 경매절차에 의한 경우
2. 파산선고로 인하여 처분이 된 경우
3. 국세징수법에 의하여 공매가 된 경우
4. 증권시장을 통하여 유가증권이 처분된 경우
5. 그 대가를 지급한 사실이 명백히 인정되는 경우

62 다음 중 양도소득세의 양도에 해당하는 것으로 옳은 것은 몇 개인가?

> ㉠ 본인 소유 자산을 경매·공매로 인하여 자기가 재취득하는 경우
> ㉡ 도시개발법이나 그 밖의 법률에 따른 환지처분시 교부받은 토지 면적이 권리면적보다 감소되어 보상금을 받은 경우
> ㉢ 매매원인 무효 소에 의하여 그 매매사실이 원인무효로 확정되어 환원되는 경우
> ㉣ 이혼한 자 일방의 재산분할청구소에 의하여 부동산이 이전되는 경우
> ㉤ 법원의 확정판결에 의하여 신탁해지를 원인으로 소유권이전 등기하는 경우
> ㉥ 토지의 지적 경계를 변경에 따른 토지의 분할 등 대통령령이 정하는 방법과 절차에 의한 토지 교환
> ㉦ 적법하게 체결된 계약이 당사자 간의 합의에 의해 해제가 되어 소유권이 환원되는 경우
> ㉧ 개인이 토지를 법인에 현물출자하는 경우
> ㉨ 법원의 확정판결에 의한 이혼위자료토 배우자에게 토지의 소유권을 이전하는 경우

① 1개 ② 2개 ③ 3개
④ 4개 ⑤ 5개

63 다음은 양도소득세가 과세되는 양도에 대한 설명이다. 틀린 것은?

① 「국세징수법」에 따라 甲 소유 부동산이 직계비속인 乙에게 공매로 이전되는 경우에는 증여로 보지 아니하고 甲에게 양도소득세를 과세한다.

② 배우자 직계존비속 간의 부담부증여의 경우 수증자의 채무부담분에 대하여는 양도로 보지 아니하고 증여로 본다.

③ 환지처분으로 인하여 지목 또는 지번이 변경되거나 보류지로 충당되는 경우에는 양도로 보지 아니한다.

④ 양도담보계약을 체결한 후 채무불이행으로 인하여 당해 자산을 변제에 충당한 때에는 그 때에 이를 양도하는 것으로 본다.

⑤ 양도라 함은 매도·교환·법인에 대한 현물출자 등으로 그 자산이 유상으로 이전되는 것으로 소유권 이전을 위한 등기·등록을 과세의 조건으로 한다.

64 거주자 甲이 2025년 중 국내 소재 상업용 건물을 거주자 乙에게 부담부증여를 한 경우에 대한 설명으로 옳지 않은 것은? (단, 乙이 甲의 피담보채권을 인수함)

> ㉠ 취득당시 실거래가액 : 8천만원
> ㉡ 증여일 현재 상속세 및 증여세법에 따른 평가액 : 5억원
> ㉢ 상업용 건물에는 금융회사로부터의 차입금 1억원(채권최고액 : 1억2천만원)에 대한 근저당권이 설정되어 있음
> ㉣ 취득당시 기준시가 : 5천만원

① 甲과 乙이 배우자 직계존비속이 아닌 경우 甲은 1억원에 대하여 양도소득세 납세의무가 있고 乙은 4억원에 대하여 증여세 납세의무가 있다.
② 甲과 乙이 배우자 직계존비속이 아닌 경우 양도차익 계산시 상업용 건물의 취득가액은 8천만원이다.
③ 甲과 乙이 형제인 경우 채무인수액은 양도로 보고 채무액을 제외한 나머지 부분은 증여로 본다.
④ 양도로 보는 부분에 대한 양도소득세 예정신고 기한은 양도일이 속한 달의 말일부터 3개월 이내 예정신고를 하여야 한다.
⑤ 甲과 乙이 배우자 직계존비속인 경우 그 재산가액 전체를 증여한 것으로 추정하여 이를 배우자 등의 증여재산 가액으로 한다.

65 다음은 양도소득세에 대한 설명이다. 틀린 것은?
① 양도소득 과세표준은 종합소득 및 퇴직소득에 대한 과세표준과 구분하여 계산한다.
② 양도가액이 실지거래가액이 15억원인 1세대 1주택의 비과세 규정을 적용함에 있어서 하나의 건물이 주택과 주택 외의 부분으로 복합되어 있는 경우에는 면적과 관계없이 그 전부를 주택으로 본다.
③ 1세대 1주택인 고가주택을 양도한 경우 실지양도가액 중 12억원을 초과하는 부분의 양도차익에 대해서는 양도소득세가 과세된다.
④ 거주자가 이축권을 양도하여 발생한 양도차손은 같은 해에 분양권을 양도하여 발생한 양도소득금액에서 이를 공제 받을 수 있다.
⑤ 거주자가 국내 상가건물을 양도한 경우 거주자의 주소지와 상가 건물의 소재지가 다르다면 양도소득세 납세지는 양도자의 주소지 관할 세무서이다.

테마 41 양도 또는 취득시기

1. 일반적인 거래
① 원칙: 사실상의 대금청산일(계약서상 잔금지급일과 관계없이 사실상 대금청산일을 양도 또는 취득시기로 본다.
- 양수자가 양도소득세 및 부가세액을 대신 브담하기로 약정한 경우 당해 양도시기 판단시는 양도소득세와 부가세액은 제외한다. 다만, 양도가액 판정시에는 포함한다.

② 대금청산일이 불분명한 경우: 등기·등록접수일 또는 명의개서일
③ 사실상 대금청산일 이전에 등기시: 등기접수일

2. 예 외
① 장기할부조건: 등기접수일, 인도일 또는 사용수익일 중 빠른 날
② 상속: 상속개시일(피상속인 사망일) ⇨ 세율적용시: 피상속인 취득일
③ 증여: 증여 받은 날(취득세: 계약일) ⇨ 배우자 간 이월과세 적용: 당초 증여자의 취득일
④ 자가건축: 사용승인서교부일. 단, 무허가 건축물인 경우에는 사실상사용일
⑤ 환지처분: 환지 전 토지 취득일(증감시: 환지처분 공고일의 다음 날)
⑥ 미완성, 미확정 자산: 그 목적물의 완성 또는 확정일
⑦ 민법상 시효취득: 점유개시일(취득세: 등기일)
⑧ 매매원인무효 판결에 의해 환원된 토지: 그 자산의 당초 취득일
⑨ 수용: 대금청산일, 수용개시일, 소유권이전등기일 중 빠른 날(공탁된 경우: 소송판결확정일)

---

66 다음은 소득세법상 양도자산의 양도 또는 취득시기에 관한 설명이다. 옳지 않은 것은?

① 민법 규정에 의하여 부동산의 소유권을 시효취득 하는 경우에 양도소득세의 취득시기는 점유개시일이다.
② 부동산의 소유권이 타인에게 이전되었다가 법원의 무효판결에 의하여 당해 자산의 소유권이 환원되는 경우 당해 자산의 취득시기는 그 자산의 당초 취득일이다.
③ 도시개발법 기타 법률의 규정에 의한 환지처분으로 취득하는 토지의 취득시기는 환지 전 토지 취득일이다.
④ 매매계약서 등에 기재된 잔금지급약정일보다 앞당겨 잔금을 받거나 늦게 받는 경우에도 사실상 대금청산일이 양도 또는 취득시기가 된다.
⑤ 목적물이 완성되지 않은 자산을 취득한 경우 당해 자산의 대금을 완납하였다면 대금완납일을 취득시기로 본다.

테마 42 양도소득세 과세표준

양도가액	• 원칙 : 실지거래가격, 예외 : 추계결정가액
−	
필요경비	• 취득가액, 자본적 지출, 양도비용 또는 필요경비개산공제
↓	
양도차익	
−	
장기보유특별공제	• 3년 이상 보유하고 양도하는 토지, 건물 및 조합원입주권(미등기 자산, 국외자산 제외) 거주자, 비거주자 모두 적용
↓	
양도소득금액	• 결손금은 소득별로 통산한다.
−	
양도소득 기본공제	• 소득별(부동산 등 / 주식 등 / 파생상품 / 신탁수익권)로 각각 연 250만원(미등기 자산은 제외) / 거주자, 비거주자 모두 적용
↓	
양도소득 과세표준	
×	
세 율	• 초과누진세율(6~45%)/비례세율
↓	
산출세액	

1. 양도소득 과세표준 산출산식

① 양도가액 − 필요경비 = 양도차익
② 양도차익 − 장기보유특별공제 = 양도소득금액
③ 양도소득금액 − 양도소득기본공제 = 과세표준
　　㉠ 토지를 미등기 양도하는 경우 양도차익과 양도소득금액 과세표준이 동일하다 : ○
　　㉡ 양도소득금액 계산시 마지막 공제항목은 양도소득기본공제이다 : ×
　　　 양도소득기본공제는 과세표준계산시 마지막 공제항목이고 장기보유특별공제는 양도소득금액 계산시 마지막 공제항목에 해당한다.
④ 토지와 건물을 함께 취득하거나 양도한 경우로 토지 건물 등의 가액 구분이 불분명한 경우 취득 또는 양도 당시의 기준시가를 기준으로 안분한다.
⑤ 양도가액을 실지거래가액을(매매사례가액, 감정가액 포함) 적용하는 경우 취득가액도 실지거래가액(매매사례가액 감정가액 환산취득가액 포함)으로 하고 양도가액을 기준시가를 적용하는 경우 취득가액도 기준시가를 적용한다.

2. 양도차익의 산출

실지양도가액 − (실지취득가액 + 자본적 지출 + 실제양도비)

(1) 실지양도가액
① 당해 자산의 양도당시 양도자와 양수자 간에 실제로 거래한 가액에 의한다.
② 토지 또는 건물을 양도 후 예정신고 또는 확정신고를 하지 아니한 경우 부동산등기법 규정에 따라 등기부에 기재된 거래가액을 실지거래가액으로 추정할 수 있다.

(2) 실지취득가액
① 상속 및 증여재산의 경우 상속개시일 또는 증여일 현재 상속세 및 증여세법 규정에 의하여 평가한 가액을 취득 당시 실지거래가액으로 본다.
② 배우자 이월과세의 경우 : 증여한 배우자 또는 직계존비속의 취득당시가액으로 한다.

(3) 실거래가액이 확인되지 않는 경우 : 추계조사 결정
① 취득가액 : 매매사례가액 − 감정가액 − 환산취득가액 − 기준시가
② 양도가액 : 매매사례가액 − 감정가액 − 기준시가
㉠ 추계조사 결정·경정은 취득가액과 양도가액 모두 적용순서가 바뀌면 안된다.
㉡ 환산취득가액은 취득가액의 경우에만 적용되고 양도가액의 경우 적용하지 아니한다.
㉢ 매매사례가액과 감정가액은 취득일 또는 양도일 전·후 3개월 이내의 경우를 말하고 감정가액의 경우 기준시가 10억원 이하인 경우 하나의 감정평가기관의 감정가액도 인정한다.

(4) 취득가액을 추계조사 결정·경정에 의하는 경우 자본적지출과 양도비 대신 필요경비개산공제를 적용한다. 단, 환산취득가액을 취득가액으로 하는 경우에는 다음의 둘 중 큰 금액을 필요경비로 할 수 있다.
① 실제 발생한 자본적지출과 양도비용을 합한 금액
② 환산취득가액과 필요경비개산공제액을 합한 금액

67 양도소득세 과세표준 산출과정에 관한 내용으로 옳지 않은 것은?
① 양도소득세 산출세액은 양도차익에서 장기보유특별공제와 양도소득기본공제를 한 금액에 해당 양도소득세 세율을 적용하여 계산한 금액을 그 산출세액으로 한다.
② 취득당시 실지거래가액을 확인할 수 없는 경우 추계결정, 경정에 의하여 환산취득가액을 취득가액으로 하는 경우에는 실제 발생한 자본적 지출과 양도비용의 합계액이 환산취득가액과 필요경비개산공제액을 합한 금액보다 큰 경우에는 이를 필요경비로 계산할 수 있다.
③ 토지를 취득함에 있어서 부수적으로 매입한 채권을 만기 전에 양도함으로 발생하는 매각차손은 채권의 매매 상대방과 관계없이 전액을 양도비용으로 인정된다.
④ 양도소득금액 계산시 마지막 공제 항목은 장기보유특별공제이다.
⑤ 양도자가 그와 특수관계 있는 자와의 거래로 인하여 조세를 부당하게 감소시킨 것으로 인정되는 때에는 그 거주자의 행위 또는 계산에 관계없이 소득세법에 따라 소득금액을 계산할 수 있다.

68 다음 중 양도소득세의 양도차익 계산에 대한 설명 중 옳지 않은 것은?

① 양도차익을 계산함에 있어서 양도가액을 실지거래가액(매매사례가액, 감정가액 포함)에 의하는 때에는 취득가액도 실지거래가액(매매사례가액, 감정가액, 환산취득가액)에 의하고, 양도가액을 기준시가에 의하는 때에는 취득가액도 기준시가에 의하여야 한다.

② 지적공부상 면적이 증가한 해당 토지를 양도할 때 지적재조사 결과 보유한 토지 면적이 증가하여 납부한 조정금은 취득가액에서 제외한다.

③ 양도자산을 취득한 후 쟁송이 있는 경우 그 소유권 확보를 위하여 직접 소요된 소송비용 화해비용 등으로서 그 지출한 연도의 각 소득금액 계산에 있어서 필요경비로 산입된 금액을 제외한 금액은 취득가액에 포함하지 아니한다.

④ 취득가액을 추계조사 결정 경정하는 경우 자본적 지출과 양도비 대신 필요경비개산공제를 적용한다.

⑤ 상속 또는 증여받은 자산에 대하여 양도차익을 실지거래가액에 의하여 계산하여야 하는 경우에는 「상속세 및 증여세법」의 규정에 의하여 평가한 가액을 취득당시의 실지거래가액으로 본다.

69 거주자 甲의 2025년 양도소득에 관한 자료이다. 양도소득세 확정신고시 토지의 양도소득금액으로 옳은 것은?

> ㉠ 甲은 2015년 2월 토지를 취득하여 등기를 마치고 이를 담보로 은행으로부터 2억원을 차입하였다. 취득시 실거래가는 4억원이고 개별공시지가는 3억원이다.
> ㉡ 2025년 12월 甲은 토지를 동생 乙에게 증여하였으며 乙은 토지를 증여받고 상기차입금 2억원을 인수하였다. 증여시 토지의 상속세 및 증여세법에 의한 시가는 확인되지 않았으며 개별공시지가는 5억원이다(乙의 차입금 인수사실을 객관적으로 입증되었고 乙은 차입금 및 이자를 상환할 능력이 있음).
> ㉢ 토지의 실제 가본적지출은 1천만원이며 필요경비개산공제율은 3%이고 장기보유특별공제율은 20%이다.
> ㉣ 甲은 해당 연도에 토지 외 부동산의 거래를 하지 않았다.

① 36,400,000원
② 58,620,000원
③ 61,120,000원
④ 89,180,000원
⑤ 91,680,000원

테마 43 필요경비

필요경비에 포함하지 않는 항목

1. 취득 관련 조세의 가산세
2. 보유 관련 조세(재산세, 종합부동산세)
3. 당초 약정에 의한 거래가액의 지급기일의 지연으로 인하여 추가로 발생하는 이자상당액
4. 부당행위계산에 의한 시가 초과액
5. 수익적 지출
6. 양도 간접비용
7. 취득에 대한 쟁송이 있는 자산에 대하여 그 소유권 등을 확보하기 위하여 직접 소요된 소송 비용, 화해비용 등의 금액으로서 그 지출한 연도의 각 소득금액 계산에 있어서 필요경비에 산입된 금액
8. 지적공부상 면적이 증가한 해당 토지를 양도할 때 지적재조사 결과 보유한 토지 면적이 증가하여 징수한 조정금은 취득가액에서 제외한다.
9. 자본적 지출액은 그 지출에 관한 증명서류를 수취 보관하거나 실제 지출사실을 금융거래 증명서류에 의하여 확인되는 경우 필요경비에 포함한다.
10. 국민주택채권을 양도하여 발생하는 매각차손(이 경우 금융기관 외의 자에게 양도한 경우에는 동일한 날에 금융기관에 양도하였을 경우 발생하는 매각차손을 한도로 한다)은 필요경비에 포함한다.

---

70 양도차익을 계산함에 있어서 양도가액을 실지거래 가액에 의하는 때에는 취득가액도 실지거래가액에 의한다. 다음 중 실지취득가액에 대한 설명으로 옳은 것은?

① 자본적 지출액은 그 지출에 관한 증명서류를 수취·보관하지 않은 경우에는 실제 지출사실이 금융거래 증명서류에 의하여 확인되는 경우에도 양도차익 계산시 양도가액에서 공제할 수 없다.

② 아파트를 분양받아 취득한 자가 부가가치세법상 일반 사업자로서 사업용으로 분양받은 경우의 부가가치세는 취득가액에 포함한다.

③ 당사자 약정에 따라 취득원가에 이자상당액을 가산하여 거래가액을 확정하는 경우 당해 이자상당액은 취득원가에 포함하지 아니한다.

④ 실지거래가액에 의한 양도가액 또는 취득가액의 실지거래가액을 인정 또는 확인할 수 없는 경우에는 매매사례가액 − 감정가액 − 환산취득가액 − 기준시가 순서로 추계 조사, 결정, 경정할 수 있다.

⑤ 취득원가에 상당한 가액으로서 매입원가에 취득세, 등록면허세, 재산세 기타 부대비용을 가산한 금액으로 한다.

71 소득세법상 거주자 甲이 2020년 5월 25일에 취득하여 2025년 10월 25일에 등기한 상태로 양도한 건물에 대한 자료이다. 甲의 양도소득세 부담을 최소화하기 위한 양도차익은?

> ㉠ 취득과 양도당시 실지거래가액은 확인되지 않음
> ㉡ 취득당시 매매사례가액과 감정가액은 없으며 기준시가는 1억원이다.
> ㉢ 양도당시 매매사례가액은 3억원이고 감정가액은 없으며 기준시가는 2억원이다.
> ㉣ 자본적 지출액은 1억 4천만원이다.
> ㉤ 양도비 지출액(공증비용, 인지대, 중개보수)은 2천만원이다.

① 1억 4천만원
② 1억 4천 2백만원
③ 1억 4천 3백만원
④ 1억 4천 7백만원
⑤ 1억 4천 9백만원

테마 44 겸용주택

1. 겸용주택(고가주택은 면적과 무관하게 주택부분만 주택)

구 분	건 물	부수토지
주택면적 > 주택 외의 면적	전부를 주택으로 본다.	전부를 주택의 부수토지로 본다.
주택면적 ≤ 주택 외의 면적	주택만 주택으로 본다.	주택부분만 부수토지로 본다.

2. 양도차익 및 장기보유특별공제에 대한 산식(비과세 요건을 충족한 고가주택)

① 고가주택의 양도차익의 계산 산식

(일반적인) 양도차익 × (양도가액 − 12억원/양도가액)

② 고가주택의 장기보유특별공제액의 계산산식

(일반적인) 장기보유특별공제 × (양도가액 − 12억원/양도가액)

---

72 甲이 다음과 같은 요건을 충족한 주택을 양도한 경우 비과세면적을 구하면? (단, 고가주택이 아님)

> ㉠ 1세대 1주택임(수도권 녹지지역임)
> ㉡ 보유기간 : 3년(2년 거주)
> ㉢ 주거부분 : 40m², 상가 : 60m²
> ㉣ 부속토지 : 600m²

① 건물 : 40m², 토지 : 200m²

② 건물 : 40m², 토지 : 240m²

③ 건물 : 60m², 토지 : 360m²

④ 건물 : 60m², 토지 : 400m²

⑤ 건물 : 60m², 토지 : 240m²

---

73 1세대 1주택에 해당하는 아파트를 5억원에 취득하여 5년 보유(거주기간 5년) 후 15억원에 양도할 때 비과세되는 양도차익은 얼마인가? (단, 취득가액을 포함한 필요경비는 10억원으로 한다)

① 4억원   ② 1억원   ③ 5억원

④ 2억원   ⑤ 8천만원

테마 45　장기보유특별공제

공제대상	3년 이상 보유 + 토지, 건물, 조합원입주권(승계취득은 제외)
공제배제	미등기 양도자산 및 국외자산
공제액계산	① 양도차익 × 공제율(일반자산 ⇨ 6 ~ 30%) ② 1주택(고가주택 : 10년 이상 보유 + 10년 이상 거주) : 20 ~ 80%
보유기간특례	증여재산 이월과세의 경우 증여한 배우자 직계존비속의 취득일로부터 소급하여 계산
적용한도	국내자산을 거주자 또는 비거주자가 양도하는 경우 횟수와 관계없이 공제
입주권	조합원입주권의 경우 보유기간은 종전 토지 건물 취득일로부터 관리처분인가일까지로 한다.

74 다음은 양도소득세를 과세함에 있어 장기보유특별공제에 관한 설명이다. 옳지 않은 것은?

① 양도자산(1세대 1주택)의 보유기간이 10년이고 거주기간이 1년인 경우 장기보유특별공제액으로 양도차익의 20%를 공제한다.

② 조정대상 지역 내 2주택과 미등기 양도, 국외자산 양도의 경우 장기보유특별공제를 적용하지 아니한다.

③ 조합원 입주권(승계취득의 경우 제외)의 경우 보유기간은 종전 토지 건물의 취득일로부터 관리처분계획인가일까지를 보유기간으로 한다.

④ 법원의 결정에 의하여 양도 당시 취득에 관한 등기가 불가능한 부동산에 대하여는 장기보유특별공제가 적용된다.

⑤ 배우자 또는 직계존비속 간 증여재산 이월과세가 적용되는 경우에는 증여한 배우자 또는 직계존비속이 해당 자산을 취득한 날부터 기산한다.

테마 46 양도소득기본공제

공제대상	과세대상 전부 + 보유기간에 무관
공제배제	미등기 양도자산
공제액 계산	소득별로 각각 양도소득금액에서 연 250만원 한도
공제방법	먼저 양도하는 자산부터 순차적으로 감면소득금액 외의 양소득금액에서 먼저 공제
적용한도	국내자산을 거주자 또는 비거주자 ⇨ 공유재산의 경우 공유자 각각 공제

소득별

1. 토지, 건물, 부동산에 관한 권리, 기타자산
2. 주식 등
3. 파생상품
4. 신탁수익권

① 감면소득금액이 있는 경우 기본공제는 감면소득금액 외의 소득금액에서 먼저 공제하고 감면소득금액 외의 소득금액에서는 먼저 양도한 순서대로 공제한다.
② 양도소득금액은 소득별로 구분하여 계산하되 소득금액시 발생하는 결손금은 다른 호의 소득금액과 합산하지 아니한다.
③ 국외자산 양도시 장기보유특별공제는 적용하지 않지만 양도소득기본공제는 적용한다.

75 다음 중 양도소득기본공제에 대한 설명으로 틀린 것은?

① 거주자가 국내 토지와 주식을 해당 과세기간 중에 각각 처분한 경우 적용받는 양도소득기본공제액은 최대 500만원이다.
② 등기된 사업용 토지로 보유기간이 3년 미만인 경우에는 양도소득기본공제를 받을 수 없다.
③ 조세특례제한법상 기타 법률의 규정에 의한 감면소득금액이 있는 경우에는 당해 감면소득금액 외의 양도소득금액에서 먼저 공제한다.
④ 양도소득기본공제는 보유기간의 장단 여부에 관계없이 양도소득이 있는 거주자(비거주자 포함)에 대하여 일정액을 공제는 인적공제제도이다. 따라서 해당 자산을 2인 이상 공유하는 경우에는 각자 공제 적용을 받을 수 있다.
⑤ 양도소득기본공제는 당해 연도 양도소득금액에서 소득별로 각각 연 250만원을 공제한다. 단, 미등기 양도자산의 양도소득금액에 대하여는 공제를 적용하지 아니한다.

76 다음은 장기보유특별공제와 양도소득기본공제에 대한 설명이다. 가장 잘못된 것은?

① 장기보유특별공제와 양도소득기본공제의 경우 거주자와 비거주자 모두 공제받을 수 있다.

② 등기된 비사업용 토지의 경우에 장기보유특별공제와 양도소득기본공제 모두 적용한다.

③ 당해 연도에 2회 이상 양도하는 경우에 양도소득기본 공제는 먼저 양도하는 자산부터 순차적으로 공제하나 장기보유특별공제는 요건만 갖추면 금액 및 횟수에 관계없이 공제 가능하다.

④ 1세대 1주택임에도 비과세에서 배제되는 고가주택인 경우에는 장기보유특별공제의 적용은 배제하나 양도소득기본공제는 배제하지 않는다.

⑤ 장기보유특별공제는 국외자산 양도시에는 공제받을 수 없지만 양도소득기본공제는 국내 국외자산에 대하여 모두 공제받을 수 있다.

77 다음은 양도소득세 양도소득 과세표준 계산에 관한 설명이다. 틀린 것은?

① 필요경비, 장기보유특별공제, 양도소득기본공제는 과세표준을 감소시키는 항목에 해당한다.

② 양도소득금액은 양도차익에서 장기보유특별공제를 차감한 금액으로 한다.

③ 부동산을 미등기 양도하는 경우에는 양도차익과 과세표준이 동일하다.

④ 양도소득 과세표준은 종합소득 및 퇴직소득에 대한 과세표준과 구분하여 계산한다.

⑤ 양도소득기본공제는 양도소득금액 계산 과정시 필요한 항목에 해당한다.

테마 47 | 배우자 이월과세 및 우회양도

구 분	배우자 증여재산에 대한 이월과세	특수관계인 증여재산에 대한 부당행위계산의 부인
증여자와 수증자와의 관계	배우자·직계존비속	특수관계인
과세대상자산	토지·건물·특정시설물이용권·부동산을 취득할 수 있는 권리	양도소득세 과세대상 자산
수증일로부터 양도일까지의 기간	증여 후 10년(주식은 1년) 이내	증여 후 10년 이내
납세의무자	수증받은 배우자, 직계존비속 (수증자)	당초 증여자
증여세	필요경비에서 공제	환급
연대납세의무	없음	있음
증여자가 지출한 자본적 지출액	필요경비에 포함	×

● 특수관계인 간 저가양도 및 고가양수

시가와 거래가액의 차액이 3억원 이상이거나 시가의 100분의 5 이상인 경우 그 취득가액 또는 양도가액을 시가에 의해 계산한다.

78 소득세법상 배우자 간 증여재산의 이월과세에 관한 설명으로 옳은 것은?

① 이월과세를 적용하는 경우 거주자가 배우자로부터 증여받은 자산에 대하여 납부한 증여세는 필요경비에 산입하지 아니한다.

② 이월과세를 적용하는 경우 증여자와 수증자는 양도소득세에 대하여 연대 납세의무가 있다.

③ 거주자가 양도일로부터 소급하여 10년 이내에 그 배우자(양도 당시 사망으로 혼인관계가 소멸된 경우 포함)로부터 증여받은 토지를 양도할 경우 이월과세를 적용한다.

④ 거주자가 사업인정고시일부터 소급하여 2년 이전에 배우자로부터 증여받은 경우로서 공익사업을 위한 토지 등이 취득 및 보상에 관한 법률에 따라 수용된 경우에는 이월과세를 적용하지 아니한다.

⑤ 이월과세를 적용하여 계산한 양도소득 결정세액이 이월과세를 적용하지 않고 계산한 양도소득 결정세액보다 적은 경우에 이월과세를 적용한다.

79 거주자 甲은 2019. 10. 20. 취득한 토지(취득가액 3억원, 등기함)를 동생인 거주자 乙(특수관계인임)에게 2022. 8. 1. 증여(시가 6억원, 등기함)하였다. 乙은 해당 토지를 2025. 10. 25. 특수관계가 없는 丙에게 양도(양도가액 10억원)하였다. 양도소득은 乙에게 실질적으로 귀속되지 아니하고, 乙의 증여세와 양도소득세를 합한 세액이 甲이 직접 양도하는 경우로 보아 계산한 양도소득세보다 적은 경우에 해당한다. 소득세법상 양도소득세 납세의무에 관한 설명으로 틀린 것은?

① 양도차익 계산시 취득가액은 3억원으로 한다.

② 乙이 납부한 증여세는 양도차익 계산시 필요경비에 산입한다.

③ 양도소득세에 대해서는 甲과 乙이 연대하여 납세의무를 진다.

④ 甲은 양도소득세 납세의무자이다.

⑤ 양도소득세 계산시 보유기간은 甲의 취득일부터 乙의 양도일까지의 기간으로 한다.

테마 48 세 율

구 분		세 율
토지, 건물, 부동산에 관한권리	2년 이상 보유	6~45%
	2년 이상 보유(비사업용 토지)	16~55%
	1년 미만 보유	50%
	1년 이상 ~ 2년 미만 보유	40%
	미등기 양도자산	70%
기타자산(보유기간, 등기여부 무관)		6~45%

1. 주택, 조합원입주권, 분양권

구 분		주택, 조합원입주권	분양권
보유 기간	1년 미만	70%	70%
	1년 이상 ~ 2년 미만	60%	60%
	2년 이상	6~45%	

2. 보유기간 특례

① 상속의 경우 세율 적용시 보유기간 산정시 취득시기는 피상속인이 취득한 날로부터 기산한다(원칙은 상속개시일).

② 배우자 또는 직계존비속으로부터 증여받은 자산을 10년 이내 양도시 증여한 배우자 또는 는 직계존비속이 당해 자산을 취득한 날로부터 기산한다.

80 양도소득세 세율에 대한 설명이다. 옳은 것은?

① 10개월 보유한 1주택 : 100분의 50

② 1년 6개월 보유한 조합원입주권 : 100분의 50

③ 2년 6개월 보유한 분양권 : 6~45%

④ 10개월 보유한 상가건물 : 100분의 50

⑤ 6개월 보유한 골프 회원권 : 100분의 50

테마 49 | 미등기 양도자산

1. 미등기 양도자산에 대한 불이익(필요경비개산공제는 적용)
  ① 양도소득세 비과세, 감면규정을 적용받지 못한다.
  ② 장기보유특별공제, 양도소득기본공제 배제
  ③ 70% 세율 적용

2. 미등기 양도자산에서 제외되는 자산
  ① 장기할부조건으로 취득한 경우로서 계약조건에 의해 양도 당시 취득에 관한 등기가 불가능한 자산
  ② 법률의 규정, 법원의 결정에 의한 등기 불가능한 자산
  ③ 비과세 요건을 충족하는 농지의 교환 또는 분합으로 인하여 발생하는 소득 및 감면요건을 충족하는 농지
  ④ 비과세를 충족하는 1세대 1주택으로 건축법상 건축허가를 받지 아니하여 등기 불가능한 자산
  ⑤ 도시개발법에 따른 도시개발사업이 종료되지 않아 토지 취득 등기를 하지 아니하고 양도하는 토지
  ⑥ 건설업자가 도시개발법에 따라 공사용역 대가로 취득한 체비지를 토지구획 환지처분공고 전에 양도하는 토지

81 **소득세법상 미등기 양도자산에 대한 설명으로 틀린 것은?**
  ① 미등기 양도자산의 경우 비과세 규정을 적용하지 아니한다.
  ② 미등기 양도자산의 경우 양도소득기본공제를 적용하지 아니한다.
  ③ 법률의 규정에 의하여 양도 당시 그 자산의 취득에 관한 등기가 불가능한 자산의 경우 장기보유특별공제를 적용한다.
  ④ 미등기 양도자산은 양도소득세 산출세액에 100분의 70을 곱한 금액을 양도소득 결정세액에 더한다.
  ⑤ 미등기 양도의 경우에도 필요경비개산공제를 적용한다.

테마 50 | 비과세

1. 지적재조사 사업 과정에서 지적공부상 면적이 감소되어 조정금을 받는 경우 해당 조정금

2. 파산선고로 인한 처분소득

3. 농지의 교환 및 분합으로 인한 소득
   ① 교환농지의 차액 – 가액의 큰 편의 1/4 이하
   ② 경작상 필요(3년 이상 재촌자경시)
      ㉠ 3년 이내 수용시 자경인정
      ㉡ 피상속인이 사망시 상속인이 경작하면 피상속인의 경작기간 통산
   ③ 교환 분합 사유
      ㉠ 국가 등이 시행하는 사업으로 인한 교환 분합
      ㉡ 국가 등이 소유하는 토지와 교환 분합
      ㉢ 「농지법」 등에 의하여 교환 분합
      ㉣ 경작상 필요

82 양도소득세 비과세에 대한 설명으로 옳지 않은 것은?

① 지적재조사에 관한 특별법에 따른 경계확정으로 지적공부상 면적이 감소되어 지급받는 조정금에 대해서는 양도소득세를 과세하지 아니한다.

② 법원의 결정에 의하여 양도 당시 취득에 관한 등기가 불가능한 자산은 양도소득세 비과세가 배제되는 미등기 양도자산에 해당한다.

③ 비과세 판단시 거주기간은 주민등록표 등본에 따른 전입일부터 전출일까지의 기간으로 한다.

④ 건축허가를 받지 아니하여 등기가 불가능한 비과세 요건을 충족한 1세대 1주택의 경우 비과세한다.

⑤ 토지를 매매하는 거래당사자가 매매계약서의 거래가액을 실지거래가액과 다르게 적은 경우에는 해당 자산에 대하여 「소득세법」에 따른 양도소득세의 비과세에 관한 규정을 적용할 때 비과세 받을 세액에서 비과세에 관한 규정을 적용하지 않았을 경우의 양도소득 산출세액과 매매계약서의 거래가액과 실지거래가액과의 차액 중 적은 금액을 뺀다.

83 다음은 양도소득세 기간계산에 대한 설명이다. 잘못된 것은?

① 장기보유특별공제 적용시 특수관계인으로부터 증여받은 자산을 10년 이내 양도한 경우로서 부당행위계산으로 인정되는 경우에는 당초 증여자가 당해 자산을 취득한 날부터 양도일까지로 한다.

② 부동산을 배우자로부터 증여받고 1년 6개월 후 양도하였다면 양도차익계산 계산시 취득시기는 당초 증여한 배우자의 취득일을 취득시기로 한다.

③ 상속의 경우 세율 적용시 보유기간 계산은 상속개시일을 취득일로 본다.

④ 상속받은 주택으로서 상속인과 피상속인이 상속개시 당시 동일세대인 경우에는 상속개시 전에 상속인과 피상속인이 동일세대로서 거주하고 보유한 기간을 통산한다.

⑤ 취득 당시 조정대상 지역에 있는 주택의 경우 주택의 보유기간이 2년 이상이고 거주기간이 2년 이상이어야 한다.

테마 51　1세대 1주택 비과세

1. 1세대 요건(부부는 별도 세대를 구성해도 항상 동일 세대원으로 본다)

1세대란 거주자 및 그 배우자(법률상 이혼을 하였으나 생계를 같이 하는 등 사실상 이혼한 것으로 보기 어려운 관계 포함)가 있는 경우. 단, 다음에 해당하는 경우에는 배우자가 없는 때에도 이를 1세대로 본다.

> ① 당해 거주자의 연령이 30세 이상
> ② 배우자가 사망하거나 이혼한 경우
> ③ 「소득세법」상 소득이 국민기초생활보장법에 따른 기준중위 소득 100 분의 40 경우
>　　●미성년자의 경우 항상 1세대가 될 수 없다 × : 미성년자가 혼인하거나 또는 가족이 사망한 경우 예외

2. 주택의 범위

① 상시 주거용으로 사용하는 건물을 말하며 그 용도의 구분은 공부상의 용도에 불구하고 사실상의 용도에 따른다(상시주거목적이 아닌 콘도미니엄 합숙소 ×).

　● 주택부수토지

도시지역			도시지역 밖
수도권		수도권 밖	10배
주거, 상업, 공업지역	녹지지역	5배	
3배	5배		

② 겸용주택(고가주택은 면적과 무관하게 주택부분만 주택)

구 분	건 물	부수토지
주택면적 > 주택 외의 면적	전부를 주택으로 본다.	전부를 주택의 부수토지로 본다.
주택면적 ≤ 주택 외의 면적	주택만 주택으로 본다.	주택부분만 부수토지로 본다.

③ 다가구주택

다가구주택을 구획된 부분별로 양도하지 아니하고 하나의 매매단위로 양도하는 경우에는 그 전체를 하나의 주택으로 본다.

④ 공동소유주택

1주택을 여러사람이 공동으로 소유한 경우 주택수 계산할 때 공동소유자 각자가 그 주택을 소유한 것으로 본다.

종합부동산세	공동소유자 각자가 그 주택을 소유한 것으로 본다.
소득세(임대)	지분이 가장 큰 자가 소유로 계산하되, 지분이 가장 큰 자가 2 이상인 경우에는 각각의 소유로 계산(합의한 경우에는 그의 소유로 계산)한다.

84 다음은 1세대 1주택에 대한 설명이다. 틀린 것은?

① 국내에 1주택만 보유하고 있는 1세대가 해외이주로 세대전원이 출국하는 경우 출국일로부터 2년 이내 해당 주택을 양도하면 비과세된다.

② 1주택을 여러 사람이 공동 소유한 경우 주택수를 계산할 때 지분이 가장 큰 자가 그 주택을 소유한 것으로 본다.

③ 주택의 부수토지는 수도권 주거지역의 경우 주택정착 면적의 3배까지를 주택의 부수토지로 본다. 이때 무허가 정착면적도 주택정착면적에 포함한다.

④ 부부의 경우 각각 단독세대를 구성하여 각각 1주택을 보유한 경우에도 동일한 세대로 본다.

⑤ 주택의 대지와 건물을 동일한 세대 구성원이 각각 소유하고 있는 경우에는 1세대 1주택으로 본다.

테마 52 　1세대 1주택 특례

1세대 1주택 특례 규정

① 일시적인 1세대 2주택 : 일반주택 취득 후 1년 이상 지난 후 새로운 주택을 취득하고 종전주택을 3년 이내 양도

② 세대를 합친 경우 : 먼저 양도하는 주택
　㉠ 결혼 : 혼인한 날부터 10년 이내 양도
　　● 무주택자가 부모와 동거봉양 중 혼인의 경우 포함
　㉡ 동거봉양 : 세대를 합친 날부터 10년 이내 양도

③ 상속으로 인한 1세대 2주택 보유시 : 일반주택(상속개시일로부터 소급하여 2년 이내에 피상속인으로부터 증여받은 주택 또는 증여받은 조합원 입주권에 의하여 사업시행완료 후 취득한 신축 주택은 제외)의 양도(상속주택은 과세)
　● 기간과 무관하게 일반 주택을 양도하면 된다.

④ 일반주택과 지정문화재 주택을 각각 소유하는 경우 : 일반주택의 양도

⑤ 일반주택과 농어촌 주택을 각각 소유한 경우 : 일반주택(5년 이내 양도)의 양도

⑥ 실수요 목적으로 1세대 2주택 취학 근무상 형편 질병의 요양 그 밖에 부득이한 사유로 취득한 수도권 밖에 소재하는 주택과 일반주택 보유시 : 일반주택 양도(3년 이내 양도시) 1세대 1주택으로 본다.

85 다음은 양도소득세 비과세에 대한 다음의 설명 중 틀린 것은?

① 국내에 1주택을 소유한 1세대가 종전주택을 취득한 날로부터 1년이 지난 후 다른 주택을 취득함으로써 일시적인 2주택이 된 경우에는 다른 주택을 취득한 날로부터 3년 이내에 종전의 주택을 양도하는 경우에는 이를 1세대 1주택으로 보아 비과세 규정을 적용한다.

② 상속받은 주택과 일반주택을 국내에 각각 1개씩 소유하고 있는 1세대가 일반주택을 먼저 양도하는 경우에는 1세대 1주택으로 보아 비과세 규정을 적용한다.

③ 영농의 목적으로 취득한 귀농 주택으로서 수도권 밖의 지역 중 면 지역에 소재하는 주택과 일반주택을 국내에 각각 1개씩 소유하고 있는 1세대가 귀농 주택을 취득한 날부터 5년 이내에 일반주택을 양도하는 경우에는 국내에 1개의 주택을 소유하고 있는 것으로 보아 비과세 규정을 적용한다.

④ 근무상 형편 등으로 취득한 수도권 밖에 소재하는 주택과 일반주택을 국내에 각각 1개씩 소유하고 있는 1세대가 부득이한 사유가 해소된 날부터 3년 이내에 일반주택을 양도하는 경우에는 국내에 1개의 주택을 소유하고 있는 것으로 보아 비과세 규정을 적용한다.

⑤ 1주택을 보유하는 자가 1주택을 보유하는 자와 혼인함으로써 1세대 2주택을 보유하게 되는 경우 혼인한 날로부터 5년 이니 먼저 양도하는 주택은 1세대 1주택으로 보아 비과세 규정을 적용한다.

테마 53 보유기간

양도일 현재: 2년 이상 보유(조정대상 지역은 2년 이상 거주)

① 단, 조정대상지역 공고일 이전에 매매계약을 체결하고 계약금을 지급한 사실이 증빙서류에 의하여 확인되는 경우로 해당 거주자가 계약금 지급일 현재 주택을 보유하고 있지 않은 경우 조정대상지역의 거주기간의 제한을 받지 아니한다.

② 다음의 경우는 보유기간 또는 거주기간의 제한을 받지 아니한다.

> ㉠ 임대주택법에 의한 건설임대주택을 취득하여 양도하는 경우로서 당해 건설임대주택의 임차일부터 당해 주택의 양도일까지의 거주기간이 5년 이상인 경우
>
> ㉡ 주택 및 그 부수토지의 전부 또는 일부가 공익사업을 위한 토지 등의 취득 및 보상에 관한 법률이 적용되는 공공사업용으로 당해 공공사업의 시행자에게 양도 또는 기타 법률에 의하여 수용되는 경우(수용일부터 5년 이내에 양도하는 그 잔존주택 및 그 부수토지를 포함하는 것으로 한다)
>
> ㉢ 해외이주법에 의한 해외이주로 세대전원이 출국하는 경우 및 1년 이상 계속하여 국외거주를 필요로 하는 취학 또는 근무상의 형편으로 세대전원이 출국하는 경우. 다만, 출국 후 2년 이내 양도하는 경우에 한한다.
>
> ㉣ 1년 이상 거주한 주택을 기획재정부령이 정하는 취학(유·초·중 제외), 근무상의 형편, 질병의 요양, 학교폭력등 기타 부득이한 사유로 타 시·군으로 이주하는 경우

● 보유기간 계산

1. 소실, 무너짐, 노후 등으로 인하여 멸실되어 재건축한 주택 : 멸실된 주택과 재건축한 주택에 대한 기간을 통산한다. 이때, 재건축 공사 기간은 포함하지 않는다.

2. 재개발, 재건축으로 완공한 주택(도시 및 주거환경정비법) : 주택의 보유기간, 공사기간, 재건축 후의 보유 기간을 통산한다.

3. 비거주자가 해당 주택을 3년 이상 계속 보유하고 그 주택에서 거주한 상태로 거주자로 전환된 경우에는 해당 주택에 대한 거주기간 및 보유기간을 통산한다.

4. 상속받은 주택으로 상속인과 피상속인이 상속개시 당시 동일세대인 경우에는 피상속인과 상속인이 동일세대로 거주하고 보유한 기간 통산한다.

---

86 **다음 중 양도소득세를 과세하지 않는 경우는?** (단, 조정대상지역이 아님)

① 공부상 주택인 건물(보유기간 2년)을 점포로 사용하다 양도한 경우

② 비거주자로서 1주택을 2년 이상 보유하고 양도하는 경우

③ 근무상의 형편으로 세대전원이 다른 시로 이전함에 따라 1년간 거주한 1주택을 양도한 경우

④ 5년간 보유한 주택을 2 이상의 주택으로 분할하여 양도하는 경우 먼저 양도하는 주택

⑤ 관리처분계획인가일 현재 1년 미만 보유한 기존주택에서 전환된 조합원입주권을 양도한 경우

87 「소득세법」상 거주자가 국내소재 1주택만을 소유하는 경우에 관한 설명으로 틀린 것은?

① 소유하고 있던 공부상 주택인 1세대 1주택을 전부 영업용 건물로 사용하다가 양도한 때에는 양도소득세 비과세 대상인 1세대 1주택으로 보지 아니한다.

② 양도 당시 실지거래가액이 15억원인 법정요건을 충족하는 등기된 1세대 1주택을 양도한 경우 양도차익에 최대 100분의 80의 보유기간별 공제율을 적용받을 수 있다.

③ 임대한 과세기간 종료일 현재 기준시가 15억원인 1주택을 임대하고 지급받은 소득은 사업소득으로 과세된다.

④ 甲과 乙이 고가주택이 아닌 공동소유 1주택(甲지분 40%, 乙지분 60%)을 임대하는 경우 주택임대소득의 비과세 여부를 판정할 때 甲과 乙이 각각 1주택을 소유한 것으로 보아 주택수를 계산한다.

⑤ 법령이 정한 1세대 1주택으로 건축법에 의한 건축허가를 받지 아니하여 등기가 불가능한 주택을 양도한 때에는 이를 미등기 양도자산으로 보지 아니한다.

88 「소득세법」상 양도소득세 비과세에 대한 설명 중 틀린 것은?

① 장기할부조건으로 취득한 자산으로서 그 계약조건에 의하여 양도당시 그 자산의 취득에 관한 등기가 불가능한 자산은 양도소득세 비과세가 배제되는 미등기 양도자산에 해당한다.

② 하나의 건물이 주택과 주택 외의 부분으로 복합되어 있는 경우로서 주택 외의 부분이 주택 부분보다 큰 경우에는 그 주택 부분만 주택으로 본다(단, 고가주택이 아님).

③ 2개 이상의 주택을 같은 날에 양도하는 경우에는 당해 거주자가 선택하는 순서에 따라 주택을 양도한 것으로 본다.

④ 거주자가 조정대상지역의 공고가 있은 날 이전에 매매계약을 체결하고 계약금을 지급한 사실이 증빙서류에 의하여 확인되는 경우로서 해당 거주자가 속한 1세대가 계약금 지급일 현재 주택을 보유하지 아니하는 경우 거주기간의 제한을 받지 아니한다.

⑤ 거주 혹은 보유 중에 소실 등으로 인하여 멸실되어 재건축한 주택은 그 멸실된 주택과 재건축한 주택에 대한 기간을 통산하여 거주 또는 보유기간을 계산한다.

89 다음 중 양도소득세 비과세가 되는 경우로서 옳은 것은?

① 甲이 고등학생 자녀의 취학 관계로 6개월 동안 거주하던 주택을 양도하고 서울로 이사한 경우

② 乙이 실지거래가액이 7억원인 아파트를 6개월 거주하던 중 질병요양 등의 원인으로 양도하고 대전으로 이사한 경우

③ 1년 보유하던 주택이 공공사업으로 수용된 경우

④ 대전광역시에 소재하는 주택을 1년 2개월 동안 보유하고 6개월 동안 거주하던 중 양도한 경우로서 근무상 형편으로 다른 시로 이사한 경우

⑤ 1년 6개월을 보유하고 1년 거주한 주택을 근무상 형편으로 양도하고 동일한 시군으로 주거를 이전한 경우

90 1세대 1주택 비과세에 대한 설명 중 틀린 것은?

① 국내에 주택 1채와 국외에 1채의 주택을 소유하고 있는 거주자 甲이 국내 주택을 먼저 양도하는 경우 2년 이상(거주기간 2년 이상) 보유한 경우 비과세한다.

② 1세대 1주택인 고가주택을 2년 이상 보유·거주한 후 양도한 경우 양도가액 중 12억원을 초과하는 부분의 양도차익에 대해서는 양도소득세가 과세된다.

③ 배우자가 사망하거나 이혼한 경우에는 배우자가 없는 경우에도 1세대로 본다.

④ 1세대 1주택으로서 1년 이상 보유한 주택을 법령이 정하는 취학 등 기타 부득이한 사유로 양도하는 경우에는 보유기간의 제한을 받지 아니한다.

⑤ 1세대를 판단할 때 법률상 이혼을 하였으나 생계를 같이 하는 등 사실상 이혼한 것으로 보기 어려운 경우 동일 세대로 본다.

테마 54 　양도소득세 신고 · 납부

1. 신고 · 납부 및 가산세(양도차익이 없거나 차손이 발생한 경우에도 신고를 하여야 한다)

(1) 예정신고와 납부(신고 × : 가산세)

　① 토지 건물 부동산에 관한 권리 기타자산 : 양도일이 속하는 달의 말일부터 2개월 이내에 신고

　② 주식 : 양도일에 속하는 반기말 2월 이내 신고

　③ 토지거래허가구역 내 토지 허가 전 대금청산시 ⇨ 허가일(허가 전 구역지정이 해제된 경우에는 해제일)이 속하는 달 말일부터 2월 이내

　④ 부담부증여의 채무액에 해당하는 부분으로서 양도로 보는 경우에는 그 양도일이 속하는 달의 말일부터 3개월 이내 예정신고를 하여야 한다.

　⑤ 수시부과세액이 있는 경우에는 이를 공제하고 납부한다.

(2) 확정신고와 납부(과세표준이 없거나 결손금액이 있는 때에도 신고를 하여야 한다) : 다음 연도 5월 1일부터 5월 31일까지[허가구역에서 허가받기 전에 대금을 청산한 경우 허가일(허가 전 구역 지정이 해제된 경우 해제일)이 속하는 과세기간의 다음연도]

(3) 예정신고한 자 중 확정신고 대상자(예정신고한 경우 확정신고를 하지 아니할 수 있다. 다만, 다음의 경우에는 확정신고를 하여야 한다) : 해당 과세기간 중 누진세율 적용대상 자산에 대한 예정신고를 2회 이상 한 자가 법 제107조 제2항의 규정에 따라 이미 신고한 양도소득금액과 합산하여 신고하지 아니한 경우

2. 가산세

(1) 신고불성실 가산세

　① 무신고 : 20%, 과소신고 : 10%

　② 부정 무신고 : 40%, 부정과소신고 : 40%

(2) 납부지연 가산세 : ㉠ + ㉡

　① 1일 22/100,000

　② 납세고지 후 납부하지 않은 경우 : 3%

　　●☞ 소득세법에 따른 예정신고와 관련하여 가산세가 부과되는 경우에는 확정신고납부와 관련한 가산세를 부과하지 아니한다(가산세 이중과세 방지).

(3) 예정신고를 하지 않은 경우 확정신고기한까지 신고한 경우 가산세를 100분의 50을 경감한다.

(4) 환산취득가액에 따른 가산세

거주자가 건물을 신축 또는 증축(바닥면적 85m² 초과)하고 그 신축 또는 증축한 건물의 취득일로부터 5년 이내에 해당 건물을 양도하는 경우로서 환산취득가액 또는 감정가액을 그 취득가액으로 하는 경우에는 해당 건물 환산취득가액 또는 감정가액의 100분의 5에 해당하는 금액을 양도소득 결정세액에 더한다.

3. 분납(물납은 폐지되었음) : 예정신고와 확정신고 모두 분납이 가능하다.

(1) 분납 : 납부세액이 1,000만원 초과시

　① 납기 후 2개월 이내

　② 세액이 2,000만원 이하 : 1,000만원 초과금액 분납가능

　③ 세액이 2,000만원 초과 : 50% 이하 금액 분납가능

4. 부가세

농어촌특별세: 감면세액의 20%

cf 납부세액에 대해 부가되는 지방소득세는 부가세가 아니다.

5. 결정 · 경정 및 징수

⑴ 결 정

예정신고 또는 확정신고를 이행하지 아니한 자는 납세지 관할세무서장 또는 지방국세청장이 양도소득 과세표준과 세액을 결정한다.

⑵ 경 정

예정신고 또는 확정신고를 한 자의 신고내용에 탈루 또는 오류가 있는 경우에는 양도소득 과세표준과 세액을 경정한다.

⑶ 징수와 환급

① 예정 · 확정신고 후 미납시: 국세징수법에 따라 징수

② 결정 · 경정에 의한 징수: 거주자에게 알린 날로부터 30일 이내 징수

---

91 **다음은 양도소득세의 신고와 납부에 대한 설명이다. 틀린 것은?**

① 양도소득세의 과세기간은 매년 1월 1일부터 12월 31일까지이며 당해 연도의 양도소득금액이 있는 거주자는 확정신고의 경우 당해 연도의 다음 연도 5월 1일부터 5월 31일까지 양도소득 과세표준 확정신고를 하여야 한다.

② 해당 과세기간의 과세표준이 없거나 결손금액이 있는 경우에도 확정신고를 하여야 한다.

③ 양도를 하였는데도 양도차익이 없거나 양도차손이 발생한 경우에도 양도소득세 예정신고를 하여야 한다.

④ 부동산을 양도한 후 양도일이 속한 달의 말일부터 2개월 이내에 예정신고를 하지 아니한 경우에는 무신고가산세가 부과되며 이 경우 확정신고와 관련한 가산세가 다시 부과되지 않는다.

⑤ 「부동산 거래 신고 등에 관한 법률」에 따른 토지거래계약에 관한 허가구역에 있는 토지를 양도할 때 허가를 받은 후 대금을 청산한 경우에는 허가일이 속하는 달의 말일부터 2개월 이내 예정신고를 하여야 한다.

92 다음 중 양도소득세에 대한 설명으로 옳은 것은?

① 거주자가 국내 상가 건물을 양도한 경우 거주자의 주소지와 상가 건물의 소재지가 다르다면 양도소득세의 납세지는 양도자의 주소지이다.

② 예정신고납부를 하는 경우 예정신고 산출세액에서 감면세액을 빼고 수시부과 세액이 있을 때에는 이를 공제하지 아니한 세액을 납부한다.

③ 거주자가 국외 토지를 양도한 경우 양도일까지 계속해서 3년간 국내에 주소를 둔 경우에는 양도소득 과세표준 예정신고를 하여야 한다.

④ 양도소득세 납부세액이 1,000만원을 초과하는 경우 국내 소재 부동산으로 물납이 가능하다.

⑤ 「건축법 시행령」 별표 제1호 다목에 해당하는 다가구주택은 해당 다가구주택을 구획된 부분별로 양도하지 아니하고 하나의 매매단위로 양도하는 경우에는 구획된 구분별로 각각을 하나의 주택으로 본다.

93 다음은 양도소득세에 대한 설명이다. 옳은 것은?

① 거주자가 특수관계인과의 거래에 있어서 시가와 거래가액의 차액이 2억원 이상인 경우로서 토지를 시가에 미달하게 양도함으로 조세의 부담을 부당히 감소시킨 것으로 인정되는 때에는 양도가액을 시가에 의하여 계산한다.

② 부동산을 취득할 수 있는 권리의 양도시 기준시가는 양도일까지 불입한 금액을 말하며 양도일 현재 프리미엄에 상당하는 금액은 포함하지 아니한다.

③ 예정신고납부를 할 때 납부할 세액은 양도차익에서 장기보유특별공제와 양도소득기본공제를 한 금액에 해당 양도소득서 세율을 적용하여 계산한 금액을 그 산출세액으로 한다.

④ 양도소득세 납부세액이 1,600만원인 경우 최대 800만원을 분할납부할 수 있다.

⑤ 양도소득세 분납은 예정신고의 경우에만 적용하고 확정신고의 경우에는 적용하지 아니한다.

94 다음은 양도소득세에 대한 설명이다. 틀린 것은?

① 예정신고기한 내 신고를 하지 않은 경우 확정신고 기한까지 신고를 한 경우에는 무신고가산세의 100분의 50을 경감한다.

② 1주택을 2 이상의 주택으로 분할하여 양도한 경우에는 먼저 양도하는 부분의 주택은 1세대 1주택으로 본다.

③ 예정신고를 한 자는 확정신고를 하지 아니할 수 있다. 다만, 해당 과세기간에 누진세율 적용 대상 자산에 대한 예정신고를 2회 이상 하는 경우로서 이미 신고한 양도소득금액과 합산하여 신고하지 아니한 경우에는 확정신고를 하여야 한다.

④ 거주자가 건물을 신축 또는 증축(증축의 경우 바닥면적 합계 85m²를 초과하는 경우에 한정)하고 신축 또는 증축한 건물의 취득일 또는 증축일로부터 5년 이내 해당 건물을 양도하는 경우로서 감정가액 또는 환산취득가액을 그 취득가액으로 하는 경우에는 해당 건물 감정가액 또는 환산취득가액의 100분의 5에 해당하는 금액을 양도소득 결정세액에 더한다.

⑤ 양도소득세는 납부하여야 할 세액에 대하여는 부가세가 과세되지 아니하고 독립세인 지방소득세 10%가 별도로 과세된다.

95 거주자인 개인 甲이 乙로부터 부동산을 취득하여 보유하고 있다가 丙에게 양도하였다. 甲의 부동산 관련 조세의 납세의무에 관한 설명으로 틀린 것은? (단, 주어진 조건 외에는 고려하지 않음)

① 甲이 乙로부터 증여받은 것이라면 취득일이 속한 달의 말일부터 3개월 이내 취득세를 신고하여야 한다.

② 甲이 乙로부터 부동산을 취득 후 재산세 과세기준일까지 등기하지 않았다면 재산세와 관련하여 乙은 부동산소재지 관할 지방자치단체의 장에게 과세기준일로부터 15일 이내 소유권 변동 사실을 신고하여야 한다.

③ 양도소득세의 예정신고만으로 甲의 양도소득세 납세의무가 확정되지 아니한다.

④ 甲이 乙로부터 부동산을 40만원에 취득한 경우 등록면허세 납세의무가 있다.

⑤ 甲이 종합부동산세를 신고·납부 방식으로 납부하고자 하는 경우 과세표준과 세액을 해당 연도 12월 1일부터 12월 15일까지 관할 세무서장에게 신고하는 때 납세의무가 확정된다.

테마 55　소득세 총론

1. 거주자, 비거주자

거주자	국내에 주소가 있거나 1과세기간 중 183일 이상 거소를 둔 자	국내 + 국외 소득과세
비거주자	거주자가 아닌 자	국내 원천 소득과세

- 단, 국외자산의 경우 국내에 5년 이상 주소 또는 거소를 둔 자의 경우에만 납세의무가 있다.

2. 과세기간

세 목		과세기간
소득세	원 칙	매년 1월 1일부터 ~ 12월 31일까지
	사 망	1월 1일부터 ~ 사망일까지
	출 국	1월 1일부터 ~ 출국일까지
법인세		사업연도(회계기간) : 법령 정관 등이 정하는 기간
부가가치세 · 지방소비세	1기	1월 1일부터 ~ 6월 30일까지
	2기	7월 1일부터 ~ 12월 31일까지

3. 납세지

거주자	주소지 또는 거소지	
비거주자	사업장이 있는 경우	사업장 소재지
	사업장이 없는 경우	국내 원천소득이 발생한 장소

- 종합부동산세의 경우 소득세법 규정을 준용한다. 다만, 비거주자의 경우 국내사업장이 없고 국내 원천소득이 발생하지 아니하는 경우에는 그 토지 또는 주택의 소재지를 납세지로 한다.

96 다음은 현행 우리나라 소득세법에 관한 설명이다. 틀린 것은?

① 소득세법상의 거주자는 국내외에서 발생된 소득에 대하여 납세의무를 진다. 다만, 비거주자는 국내소득에 대하여만 소득세의 납세의무를 진다.

② 양도소득에 대한 과세표준은 종합소득 및 퇴직소득에 대한 과세표준과 구분하여 계산한다.

③ 주거용 건물 임대업에서 발생한 결손금은 종합소득 과세표준을 계산할 때 공제한다.

④ 국내에 주소지가 없는 거주자의 경우 소득세 납세지는 국내 원천소득이 발생한 장소이다.

⑤ 국외자산 양도시 납세의무자는 국외자산 양도일까지 계속해서 5년 이상 주소 또는 거소를 둔 자이다.

테마 56 국외자산 양도

● 국내자산 양도와 국외자산 양도와의 차이점

구 분	국내자산 양도	국외자산 양도
거주자	국내에 주소 또는 1과세기간 중 183일 이상 거소를 둔 자	양도일 현재 계속하여 국내에 5년 이상 주소 또는 거소를 둔 자
미등기	중과세(70%)	중과세 없음
장기보유특별공제	적용	적용 안함
기본공제	적용	적용
세 율	① 미등기 부동산 : 70% ② 토지 건물 부동산에 관한 권리 : 보유기간에 따라 차등적용	① 미등기 세율 적용은 없다. ② 토지 건물 부동산에 관한 권리 : 비례세율 및 할증과세 없음
분납과 물납	분납은 가능하나 물납은 적용 안함	분납 가능하나 물납은 적용 안함

① 납세의무자 : 해당 자산의 양도일까지 계속 5년 이상 국내에 주소 또는 거소를 둔 자
② 미등기 중과세를 적용하지 아니한다.
③ 장기보유특별공제를 적용하지 아니한다.
④ 양도소득기본공제는 적용한다.
⑤ 양도가액은 해당 자산의 양도당시 실지거래가액으로 한다. 다만, 양도당시 실지거래가액을 확인할 수 없는 경우 양도 자산이 소재하는 국가의 양도당시 현황을 반영한 시가에 의한다.
⑥ 양도차익의 외화환산의 규정에 의하여 양도차익을 계산함에 있어서는 양도가액 및 필요경비를 수령하거나 지출한 날 현재 외국환거래법에 의한 기준환율 또는 재정환율에 의하여 계산한다.
⑦ 국외자산에 대하여 외국에서 납부하였거나 납부할 세액이 있는 경우 산출세액에서 공제하거나 필요경비에 산입하는 방법 중 하나를 선택하여 적용할 수 있다.
⑧ 양도소득이 있는 국외에서 외화를 차입하여 취득한 자산을 양도하여 발생하는 소득으로서 환율변동으로 인한 환차익을 포함하고 있는 경우 해당 환차익은 양도소득 범위에서 제외한다.

97 국외자산 양도에 대한 설명으로 틀린 것은?

① 국외자산 양도로 발생하는 소득이 환율변동으로 인하여 외화차입금으로부터 발생하는 환차익을 포함하고 있는 경우에는 해당 환차익을 양도소득 범위에서 제외한다.
② 양도차익 계산시 필요경비의 외화환산은 지출일 현재 외국환거래법에 의한 기준환율 또는 재정환율에 의한다.
③ 국외주택 양도소득에 대하여 납부하였거나 납부할 국외주택 양도소득세액은 해당 과세기간의 국외주택 양도소득금액 계산상 필요경비에 산입할 수 있다.
④ 국외자산 양도가액은 실지거래가액이 있더라도 양도당시 현황을 반영한 시가에 의하는 것이 원칙이다.
⑤ 국외자산 양도시 장기보유특별공제는 적용하지 않지만 양도소득기본공제는 적용한다.

98 다음 중 거주자 甲이 국외자산을 양도한 경우에 대한 설명 중 틀린 것은?

① 甲이 양도일까지 계속 5년 이상 국내에 주소 또는 거소를 둔 경우에만 양도소득에 대한 납세의무가 있다.

② 국외자산 양도시 미등기 중과세를 적용하지 아니한다.

③ 甲의 국외주택에 대한 양도차익은 양도가액에서 취득가액과 필요경비개산공제를 차감하여 계산한다.

④ 甲의 부동산 양도에 대한 납세지는 甲의 주소지를 원칙으로 한다.

⑤ 국외소재 토지 또는 건물은 공부상 등기·등록 여부와 관계없이 모두 양도소득세 과세대상이 된다.

테마 57 사업소득(부동산 임대소득)

1. 부동산 임대소득의 범위
① 부동산 및 부동산상의 권리의 대여소득. 지상권 및 지역권 포함(단, 공익사업과 관련된 경우 제외)
② 광업재단, 공장재단의 대여소득. 다만, 기계 등 일부 대여시 제외
③ 건물의 옥상, 측면 등을 사용하게 하고 받은 대가
④ 자기소유 부동산을 타인에게 대신 담보로 제공하고 받은 대가

2. 비과세
① 논·밭을 작물생산에 이용하게 하고 받은 임대소득
② 1주택 임대소득(국외주택임대는 제외, 고가주택 제외 : 과세기간 종료일 현재 기준시가 12억원 초과)
　　☞ 주택임대소득이 연간 2천만원 이하 : 종합소득과 분리과세 중 선택 적용
③ 주택수 산정
　　㉠ 본인과 배우자가 각각 국내소재 주택을 소유한 경우 이를 합산하여 1주택 여부를 판단한다.
　　㉡ 공동소유하는 주택은 지분이 가장 큰 사람의 소유로 계산(지분이 가장 큰 사람이 2명 이상인 경우로서 그들이 합의하여 그들 중 1명을 해당 주택 임대수입의 귀속자로 정한 경우에는 그의 소유로 계산한다). 다만, 다음 어느 하나에 해당하는 사람은 본문에 따라 공동소유의 주택을 소유하는 것으로 계산되지 않는 경우라도 그의 소유로 계산한다.
　　　　ⓐ 연간 임대소득이 600만원 이상
　　　　ⓑ 기준시가 12억원 초과하는 고가주택의 지분율이 30%를 초과하는 경우
　　㉢ 전전세 등의 경우 : 전세받은 자 소유
　　㉣ 다가구주택 : 1개의 주택으로 보되 구분등기된 경우 각각을 주택으로 본다.

3. 간주임대료(3주택 이상의 경우. 단, 40제곱미터 이하이고 기준시가 2억원 이하인 주택은 주택수에서 제외) : 보증금 합계액이 3억원을 초과하는 경우 초과금액에 대통령령이 정하는 바에 따라 계산한 금액을 총수입금액에 산입한다.
　☞ 부동산 임대업의 소득금액 계산
　　소득금액 = (임대료 + 간주임대료 + 관리비수입 + 보험차익) − 필요경비

구 분		임대료	보증금
1주택	일반주택	비과세	—
	고가주택	과세	
	국외주택	과세	
2주택		과세	—
3주택 이상 + 보증금 3억원 초과		과세	과세

99 소득세법상 주택임대소득에 대한 설명으로 옳지 않은 것은?

① 주택을 1채만 소유한 거주자가 과세기간 종료일 현재 기준시가 15억원인 주택을 전세금을 받고 임대한 경우에는 과세하지 아니한다.

② 공익사업과 관련하여 지역권·지상권을 대여함으로 발생하는 소득은 사업소득에서 제외한다.

③ 국내 소재 3주택 이상[법령이 정하는 소형주택(기준시가 3억원 이하이고, 전용면적 60m² 이하)은 제외]을 소유한 자가 받는 주택 임대보증금의 합계액이 3억원을 초과하는 경우 보증금에 대하여 법령에서 정한 산식으로 계산한 금액을 총수입금액에 산입한다.

④ 해당 과세기간에 법령에 정하는 총수입금액의 합계액이 2천만원 이하인 경우에는 분리과세와 종합과세 중 선택하여 적용할 수 있다.

⑤ 국외주택의 경우 주택수와 관계없이 부동산 임대소득 비과세를 적용하지 아니한다.

100 「소득세법」상 거주자의 주택임대소득의 비과세 및 총수입금액에 관한 설명으로 옳은 것은? (단, 주택은 상시 주거용으로 사업을 위한 주거용이 아님)

① 임대하는 국내 소재 1주택의 비과세 여부 판단시 가액은 「소득세법」상 실지거래가액 12억원을 기준으로 판단한다.

② 사업자가 부동산을 임대하고 임대료 외에 전기료·수도료 등 공공요금의 명목으로 지급받은 금액이 공공요금의 납부액을 초과할 때 그 초과하는 금액은 사업소득 총수입금액에 포함하지 아니한다.

③ 본인과 배우자가 각각 국내 소재 주택을 소유한 경우, 이를 합산하지 아니하고 각 거주자별 소유 주택을 기준으로 주택임더소득 비과세 대상인 1주택 여부를 판단한다.

④ 국내소재 3주택을 소유한 자가 받은 즈택임대보증금의 합계액이 4억원인 경우, 그 보증금에 대하여 법령에서 정한 산식으로 계산한 금액을 총수입금액에 산입한다.

⑤ 주택을 임대하여 얻은 소득은 거주자가 사업자 등록을 한 경우에 한하여 소득세 납세의무가 있다.

02

부록

01 국내 소재 부동산의 양도 단계에서 부담할 수 있는 세목은 모두 몇 개인가?

> ㉠ 농어촌특별세
> ㉡ 소방분 지역자원시설세
> ㉢ 지방소득세
> ㉣ 인지세
> ㉤ 종합소득세
> ㉥ 지방교육세

① 1개 ② 2개 ③ 3개
④ 4개 ⑤ 5개

02 다음 납세의무 성립시기에 대한 내용으로 틀린 것은?

① 농어촌특별세 : 본세의 납세의무가 성립하는 때
② 원천징수하는 소득세 : 과세기간이 끝나는 때
③ 인지세 : 과세문서를 작성하는 때
④ 소방분에 대한 지역자원시설세 : 재산세 납세의무가 성립하는 때
⑤ 무신고 가산세 : 법정신고기한이 경과하는 때

03 다음 중 납세의무 성립시기와 확정시기에 대한 설명으로 옳은 것은 몇 개인가?

> ㉠ 지방교육세는 그 과세표준이 되는 세목의 납세의무가 성립하는 때 납세의무가 성립
> 하고 수시부과에 의해 징수하는 재산세는 과세기준일에 납세의무가 성립한다.
> ㉡ 종합부동산세는 과세기간이 끝나는 때 납세의무가 성립하고 납세의무자가 신고하는
> 때 납세의무가 확정된다.
> ㉢ 소득세는 소득이 발생하는 때 납세의무가 성립되며 납세의무자가 신고하는 때 납세
> 의무가 확정된다.
> ㉣ 취득세는 과세물건을 취득한 때 납세의무가 성립하고 납세의무자의 신고가 없는 경
> 우에는 과세권자가 결정하는 때 납세의무가 확정된다.
> ㉤ 재산세는 과세기준일에 납세의무가 확정된다.
> ㉥ 중간예납하는 소득세는 매년 6월 30일에 납세의무가 성립한다.
> ㉦ 지방소득세는 소득세 법인세 납세의무가 성립하는 때 납세의무가 성립한다.
> ㉧ 개인분 또는 사업소분 주민세는 과세기준일(매년 7월 1일)에 납세의무가 성립한다.
> ㉨ 취득세 기한 후 신고를 한 경우 신고할 때 과세표준과 세액이 확정된다.
> ㉩ 납세의무자가 양도소득세를 확정신고하였으나 정부가 경정하는 경우 국세징수권을
> 행사할 수 있는 때는 납세의무자가 확정신고한 법정신고납부기한의 다음 날이다.

① 1개 　　　　　② 2개 　　　　　③ 3개
④ 4개 　　　　　⑤ 5개

04 다음 조세에 관한 내용으로 틀린 것은?

① 지방세 체납액이 5천만원(가산세는 제외한 금액)인 경우 징수권의 소멸시효는 이를
　　행사할 수 있는 때로부터 10년이다.
② 지방자치단체 징수금이란 지방세와 체납처분비를 말하여 이 경우 지방세 ⇨ 체납처
　　분비 ⇨ 가산세 순서로 징수한다.
③ 강제징수비란 국세징수법 중 강제징수에 관한 규정에 따른 재산의 압류, 보관, 운반
　　과 매각에 든 비용을 말한다.
④ 납부, 충당, 부과취소, 제척기간의 만료, 소멸시효의 완성은 납세의무 소멸사유이다.
⑤ 과세권자가 징수권을 일정기간 행사하지 않는 경우 징수권이 소멸시키는 것을 소멸
　　시효라 하며 납세고지, 독촉, 납부최고, 압류, 교부청구는 시효중단 사유에 해당하고
　　제척기간의 경우에는 중단과 정지사유가 없다.

05　다음 조세에 대한 설명으로 바르지 않은 것은?

① 부동산의 취득과 보유와 양도 단계에 공통으로 과세되는 조세는 농어촌특별세, 부가가치세, 지방소비세가 있다.
② 지방교육세는 지방세이면서 목적세이고 부가세인 조세이다.
③ 납세의무자란 세법에 의하여 국세 또는 지방세를 납부할 의무가 있는 자(원천징수의무자 및 특별징수의무자 포함)를 말한다.
④ 특별징수란 지방세를 징수할 때 편의상 징수할 여건이 좋은 자로 하여금 징수하게 하고 그 징수한 세금을 납부하게 하는 것을 말한다.
⑤ 2차 납세의무자란 납세자가 납세의무를 이행할 수 없는 경우에 납세자를 갈음하여 납세의무를 지는 자를 말한다.

06　다음 중 조세의 제척기간과 법정기일에 관한 설명으로 옳지 않은 것은?

① 지방국세청장은 행정소송법에 따른 소송에 대한 판결이 확정된 후 그 판결이 확정된 날로부터 1년이 지나기 전까지 경정이나 그 밖에 필요한 처분을 할 수 있다.
② 상속을 원인으로 취득하는 경우로서 납세자가 법정신고기한까지 과세표준 신고서를 제출하지 아니한 경우: 7년
③ 「부동산 실권리자명의 등기에 관한 법률」 제2조 제1호에 따른 명의신탁약정으로 실권리자가 사실상 취득하는 경우로서 납세자가 법정신고기한까지 과세표준신고서를 제출하지 아니한 경우: 10년
④ 과세표준과 세액을 신고하는 조세의 경우 신고기한의 다음 날이 제척기간의 기산일이다.
⑤ 과세표준과 세액을 지방자치단체의 장이 결정, 경정하는 경우 고지한 해당 세액에 대하여는 납세고지서 발송일이 법정기일이다.

07 국세기본법 및 지방세기본법상 조세채권과 일반 채권의 관계에 관한 설명으로 틀린 것은?

① 납세담보물 매각시 압류에 관계되는 조세채권은 담보있는 조세채권보다 우선한다.

② 주택의 경우 확정일자를 받은 임차보증금 또는 전세권이 설정된 재산이 국세의 강제징수 또는 경매절차를 통해 매각되어 그 매각대금에서 국세를 징수하는 경우 그 확정일자 또는 설정일보다 법정기일이 늦은 해당 재산에 대하여 부과된 상속세, 증여세, 종합부동산세, 재산세의 우선징수 순서에 대신하여 변제될 수 있다.

③ 취득세 신고서를 납세지 관할 지방자치단체장에게 제출한 날 전에 저당권 설정 등기 사실이 증명되는 재산을 매각하여 그 매각대금에서 취득세를 징수하는 경우 저당권에 따라 담보된 채권은 취득세에 우선한다.

④ 강제집행으로 부동산을 매각할 때 그 대각금액 중에 국세를 징수하는 경우 강제집행 비용은 국세에 우선한다.

⑤ 재산의 매각대금 배분시 당해 재산에 부과된 재산세는 당해 재산에 설정된 저당권에 따라 담보된 채권보다 우선한다.

08 다음 중 가산세에 대한 설명으로 옳지 않은 것은?

① 가산세는 해당 의무가 규정된 세법의 해당 국세 또는 지방세의 세목으로 하고, 해당 국세 또는 지방세를 감면하는 경우에는 가산세도 감면대상에 포함한다.

② 가산세는 납부할 세액에 가산하거나 환급받을 세액에서 공제한다.

③ 납세의무자가 법정신고기한까지 「종합부동산세법」에 따른 과세표준 신고를 하지 아니한 경우 정부부과로 확정되기 때문에 무신고가산세를 부과하지 않는다.

④ 재산세를 납부기한까지 납부를 하지 아니한 경우에는 100분의 3의 납부지연가산세가 부과된다.

⑤ 가산세란 세법에서 규정하는 의무의 성실한 이행을 확보하기 위하여 의무를 이행하지 아니할 경우에 산출한 세액에 가산하여 징수하는 금액을 말한다.

09 「지방세기본법」상 이의신청 또는 심판청구에 관한 설명이다. 틀린 것은 몇 개인가?

㉠ 이의신청인은 신청금액이 1천만원 미만인 경우에는 그의 배우자, 4촌이내 혈족 또는 그의 배우자의 4촌 이내 혈족을 대리인으로 선임할 수 있다.
㉡ 보정기간은 결정기간에 포함하지 아니한다.
㉢ 통고처분과 과태료 부과처분을 받은 자는 이의신청 또는 심판청구를 할 수 없다.
㉣ 이의신청을 거친 후 심판청구를 할 때에는 이의신청에 대한 결정 통지를 받은 날로부터 90일 이내에 하여야 한다.
㉤ 이의신청을 하지 않고 심판청구는 할 수 있지만 심판청구를 거치지 않고 행정소송을 제기할 수 없다.
㉥ 이의신청인이 재해 등을 입어 이의신청기간 내에 이의신청을 할 수 없을 때에는 그 사유가 소멸된 날부터 14일 이내에 이의신청을 할 수 있다.
㉦ 이의신청, 심판청구는 그 처분의 집행에 효력을 미치지 아니한다. 다만, 압류한 재산에 대하여는 이의신청, 심판청구의 결정처분이 있는 날부터 60일까지 공매 처분을 보류할 수 있다.

① 0개 ② 1개 ③ 2개
④ 3개 ⑤ 4개

10 「지방세기본법」상 서류의 송달에 대한 설명으로 틀린 것은 몇 개인가?

㉠ 연대납세의무자에게 납세의 고지에 관한 서류를 송달 할 때에는 연대납세의무자 모두에게 각각 송달하여야 한다.
㉡ 기한을 정하여 납세고지서를 송달하였더라도 서류가 도달한 날부터 10일이 되는 날에 납부기한이 되는 경우 지방자치단체의 징수금의 납부기한은 해당 서류가 도달한 날부터 14일이 지난날로 한다.
㉢ 납세관리인이 있을 때에는 납세의 고지와 독촉에 관한 서류는 그 납세관리인의 주소 또는 영업소에 송달한다
㉣ 서류송달을 받아야 할 자의 주소 또는 영업소가 분명하지 아니한 경우에는 서류의 주요 내용을 공고한 날로부터 7일이 지나면 서류의 송달이 된 것으로 본다.
㉤ 전자송달은 전자우편 주소 등에 저장된 때, 우편송달과 교부송달은 송달받은 자에게 도달한 때 송달의 효력이 발생한다.
㉥ 교부송달의 경우 송달할 장소에서 서류의 송달을 받아야 할 자가 정당한 사유없이 서류의 수령을 거부하면 송달할 장소에 서류를 둘 수 있다.
㉦ 송달 받아야 할 사람이 교정시설 또는 국가경찰관서의 유치장에 체포·구속 또는 유치된 사실이 확인된 경우에는 공시송달의 방법에 의한다.

① 0개 ② 1개 ③ 2개
④ 3개 ⑤ 4개

11 「지방세기본법」상 공시송달할 수 있는 경우가 아닌 것은?

① 송달을 받아야 할 자의 주소 또는 영업소가 국외에 있고 그 송달이 곤란한 경우

② 송달을 받아야 할 자의 주소 또는 영업소가 분명하지 아니한 경우

③ 서류를 우편으로 송달하였으나 받을 사람이 없는 것으로 확인되어 반송됨으로써 납부기한 내에 송달하기 곤란하다고 인정되는 경우

④ 서류를 송달한 장소에서 송달을 받을 자가 정당한 사유 없이 그 수령을 거부한 경우

⑤ 세무공무원이 2회 이상 납세자를 방문하여 서류를 교부하려고 하였으나 받을 사람이 없는 것으로 확인되어 납부기한 내에 송달하기 곤란하다고 인정되는 경우

12 「지방세법」상 취득세에 대한 설명으로 옳은 것은?

① 매매·교환·법인에 대한 현물출자·건축·개수 등과 기타 이와 유사한 취득으로서 원시취득 또는 유상취득을 말하며 무상승계취득의 경우 취득세를 과세하지 아니한다.

② 취득세는 도세로서 물건의 소재지를 관할하는 도에서 부과함이 원칙이지만 도세 징수 위임에 관한 규정에 따라 시장·군수가 징수하게 된다.

③ 연부취득의 경우 마지막 연부금 지급일 전에 계약을 해제한 경우에 이미 납부한 취득세는 환급하지 아니한다.

④ 토지의 지목을 사실상 변경함으로써 그 가액이 증가나 감소된 경우 그 증감분에 대한 취득이 있는 것으로 본다.

⑤ 차량, 기계장비, 항공기, 선박, 광업권, 어업권의 원시취득의 경우에도 취득으로 보아 과세한다.

13 「지방세법」상 과점주주의 취득세 납세의무에 관한 설명으로 틀린 것은?

① 과점주주 집단내부 및 특수관계자 간의 주식이 이전되었으나 과점주주 집단이 소유한 총주식의 비율에 변동이 없는 경우에 취득세 납세의무가 없다.

② 설립당시 65% 지분을 보유하던 중 25%를 처분하고 다시 20%의 주식을 취득한 경우 취득세 납세의무가 없다.

③ 개인이 비상장법인 설립시 60% 지분을 취득한 경우에 취득세 납세의무가 있다.

④ 다른 주주의 주식이 감자됨으로써 비상장법인의 지분비율이 60%에서 70%로 증가한 경우에 취득세 납세의무가 없다.

⑤ 이미 과점주주가 된 주주가 해당 법인의 주식을 취득하여 해당 법인의 주식의 총액에 대한 과점주주가 가진 주식의 비율이 증가된 경우에는 그 증가분을 취득으로 보아 취득세를 부과한다. 이 경우 증가된 후의 주식의 비율이 해당 과점주주가 이전에 가지고 있던 주식의 최고비율보다 증가되지 아니한 경우에는 취득세를 부과하지 아니한다.

14 다음은 취득세를 과세함에 있어서 취득시기를 설명한 것이다. 옳은 것은 몇 개인가?

> ㉠ 개인 간 건축물의 유상승계취득의 경우 그 계약상잔금지급일을 취득일로 본다.
> ㉡ 관계 법령에 따라 매립 간척 등으로 토지를 원시취득하는 경우로서 공사준공일 이전에 사실상 사용하는 경우에는 그 사실상 사용일을 취득일로 본다.
> ㉢ 건축물 건축의 경우 사용승인서를 내주는 날과 사실상 사용일 중 빠른날을 취득일로 본다.
> ㉣ 「주택법」에 따른 주택조합이 주택건설사업을 하면서 조합원으로부터 취득하는 토지 중 조합원에게 귀속되지 아니하는 토지를 취득하는 경우 「주택법」 제49조에 따른 사용검사를 받은 날에 그 토지를 취득한 것으로 본다.
> ㉤ 토지의 지목변경에 따른 취득은 지목변경 전에 사용하는 경우에는 사실상 사용일을 취득일로 본다.
> ㉥ 「도시 및 주거환경정비법」 제35조 제3항에 따른 재건축조합이 재건축사업을 하면서 조합원으로부터 취득하는 토지 중 조합원에게 귀속되지 아니하는 토지를 취득하는 경우에는 「도시 및 주거환경정비법」 제86조 제2항에 따른 소유권이전고시일에 취득한 것으로 본다.
> ㉦ 증여로 취득한 경우에는 증여 받은 날을 취득일로 본다.

① 2개　　　　　　② 3개　　　　　　③ 4개
④ 5개　　　　　　⑤ 6개

15 취득세 납세의무자에 대한 설명으로 옳은 것은?

① 부동산 등의 취득은 등기·등록 등을 하지 아니한 경우에는 사실상 취득한 경우에도 납세의무가 없다.

② 「공간정보의 구축 및 관리 등에 관한 법률」 제67조에 따른 대(垈) 중 「국토의 계획 및 이용에 관한 법률」 등 관계 법령에 따른 택지공사가 준공된 토지에 건축물을 건축하면서 그 건축물에 부수되는 정원 및 부속시설물 등을 조성·설치하는 경우에는 토지소유자가 취득한 것으로 본다.

③ 토지의 지목이 사실상 변경됨으로써 그 가액이 증가한 경우에는 사실상으로 지목이 변경된 시점의 해당 토지의 소유자가 납세의무자가 된다.

④ 「도시개발법」에 따른 되개발사업(환지방식만 해당한다)의 시행으로 토지의 지목이 사실상 변경된 경우 그 환지계획에 따라 공급되는 환지는 사업시행자가 체비지 또는 보류지는 조합원이 각각 취득한 것으로 본다.

⑤ 「도시개발법」에 따른 도시개발사업과 「도시 및 주거환경정비법」에 따른 정비사업의 시행으로 해당 사업의 대상이 되는 부동산의 소유자(상속인을 포함한다)가 환지계획 또는 관리처분계획에 따라 공급받는 건축물은 그 소유자가 승계취득한 것으로 보고 토지상환채권으로 상환받는 토지의 경우에는 그 소유자가 원시취득한 것으로 본다. 이 경우 토지는 당초 소유한 토지 면적을 초과하는 경우로서 그 초과한 면적에 해당하는 부분에 한하여 취득한 것으로 본다.

16 다음 중 취득세 과세표준에 대한 설명으로 옳지 않은 것은?

① 취득세 과세표준은 취득 당시 가액으로 한다. 다만, 연부로 취득하는 경우에는 연부금액(매회 사실상지급되는 금액을 말하며 취득금액에 포함되는 계약보증금을 포함한다)으로 한다.

② 부동산 등을 원시취득하는 경우 취득 당시 가액은 사실상 취득가격으로 한다. 다만, 법인이 아닌 자가 건축물을 건축하여 취득하는 경우로서 사실상 취득가격을 확인할 수 없는 경우에는 취득 당시 가액은 시가표준액으로 한다.

③ 부담부증여의 경우 유상으로 취득한 것으로 보는 채무액에 상당하는 부분(채무부담액)은 시가인정액을 한도로 한다.

④ 부동산 등을 증여로 취득한 경우에는 시가표준액을 취득 당시 가액으로 한다.

⑤ 토지의 지목을 사실상 변경한 경우 취득 당시 가액은 그 변경으로 증가한 가액에 해당하는 사실상 취득가격으로 한다. 다만, 법인이 아닌 자가 토지의 지목을 사실상 변경한 경우로서 사실상 취득가격을 확인할 수 없는 경우에는 지목변경 후 시가표준액에서 지목변경 전 시가표준액을 뺀 가액으로 한다.

17 취득세 과세표준에 대한 설명이다. 옳지 않은 것은?

① 부동산을 유상승계로 취득하는 경우 사실상 취득가격을 과세표준으로 한다.

② 부동산을 유상승계로 취득하는 경우로서 특수관계인간의 거래로 그 취득에 대한 조세부담을 부당하게 감소시키는 행위 또는 계산을 한 것으로 인정되는 경우에는 시가표준액을 취득당시가액으로 결정할 수 있다.

③ 부동산 등을 상속으로 취득한 경우 시가표준액을 과세표준으로 한다.

④ 취득물건에 대한 시가표준액이 1억원 이하인 부동산 등을 무상취득(상속은 제외)하는 경우 시가인정액과 시가표준액 중 납세자가 정하는 가액을 취득당시가액으로 한다.

⑤ 증여자의 채무를 인수하는 부담부증여의 경우 유상으로 취득한 것으로 보는 채무인수액에 상당하는 부분에 대해서는 유상승계취득의 과세표준을 적용하고 취득물건의 시가인정액에서 채무부분을 뺀 잔액에 대해서는 무상취득의 과세표준을 적용한다.

18 취득세의 과세표준에 관한 설명이다. 틀린 것은?

① 대물변제의 경우 대물변제액(대물변제액 외의 추가로 지급한 금액이 있는 경우에는 그 금액을 포함한다). 다만, 대물변제액이 시가인정액보다 적은 경우 취득 당시가액을 시가인정액으로 한다.

② 부동산 등을 일괄취득 함으로 인하여 부동산에 대한 취득가액이 구분되지 않는 경우 일괄취득가액을 시가표준액의 비율로 안분계산한 금액을 부동산 등의 가액으로 한다.

③ 건설자금이자의 경우 개인과 법인의 경우 모두 취득가격에 포함되지만 연체료, 할부이자와 중개보수의 경우 법인의 경우에만 취득가격에 포함한다.

④ 취득대금을 일시급 등으로 지급하여 일정액을 할인받은 경우에는 그 할인된 금액을 취득가격으로 한다.

⑤ 부가가치세는 취득가격에 포함하지 아니한다.

19 취득세 표준세율에 대한 설명 중 옳지 않은 것은?

① 상속으로 인한 농지 취득 : 1천분의 23

② 사회복지사업법에 따라 설립된 사회복지법인이 독지가의 기부에 의한 건물 취득 : 1천분의 28

③ 취득 당시의 가액이 6억원인 1주택을 상속으로 취득한 경우 : 1천분의 10

④ 유상거래를 원인으로 인한 농지 외 부동산 취득 : 1천분의 40

⑤ 법령으로 정한 비영리사업자의 상속 외의 무상 취득 : 1천분의 28

20 「지방세법」상 아래의 부동산 등을 신(증)축하는 경우 취득세가 중과(重課)되지 않는 것은 몇 개인가? (단, 「지방세법」상 중과요건을 충족하는 것으로 가정함)

> ㉠ 병원의 병실
> ㉡ 골프장
> ㉢ 고급주택
> ㉣ 법인 본점의 사무소전용 주차타워
> ㉤ 대도시에서 법인이 사원에 대한 임대용으로 직접 사용할 목적으로 취득한 사원주거용 목적의 공동주택[1구의 건축물의 연면적(전용면적을 말한다)이 60제곱미터 이하임]
> ㉥ 「수도권정비계획법」에 의한 과밀억제권역 안에서 공장을 신설하거나 증설하기 위한 사업용 과세물건

① 1개   ② 2개   ③ 3개
④ 4개   ⑤ 5개

21 다음은 표준세율에서 중과기준세율을 뺀 세율을 적용하는 것으로 옳지 않은 것은?
① 환매등기를 병행하는 부동산의 매매로서 환매기간 내에 매도자가 환매한 경우의 그 매도자와 매수자의 취득
② 건축물의 이전으로 인한 취득(이전한 건축물의 가액이 종전 건축물의 가액을 초과하지 아니함)
③ 상속으로 인한 취득 중 법령으로 정하는 1가구 1주택 및 그 부속토지의 취득
④ 공유물 합유물의 분할로 인한 취득
⑤ 차량·기계장비·선박의 종류변경으로 가액이 증가한 경우

22 다음 중 중과기준세율을 적용하지 않는 것으로 옳은 것은?
① 존속기간이 1년을 초과하는 임시사용 건축물의 취득
② 「법인세법」 제44조 제2항 또는 제3항에 해당하는 법인의 합병으로 인한 취득
③ 개수로 인한 건축물의 취득(개수로 인하여 면적이 증가하지 아니함)
④ 무덤과 이제 접속된 부속시설물의 부지로 사용되는 토지로서 지적공부상 지목이 묘지인 토지의 취득
⑤ 토지의 지목을 사실상 변경하여 그 가액이 증가한 경우

23 다음은 취득세 세율에 대한 설명으로 틀린 것은?

① 유상, 상속, 증여 등으로 취득하는 부동산이 공유물일 때에는 그 취득지분의 가액을 과세표준으로 하여 각각의 해당 세율을 적용한다.

② 주택을 신축 또는 증축한 이후 해당 주거용 건축물의 소유자(배우자 및 직계존비속을 포함한다)가 해당 주택의 부속토지를 유상 취득하는 경우 주택 유상거래 세율을 적용한다.

③ 조정대상 외의 지역 내 1주택과 분양권을 소유한 1세대가 해당 지역의 주택을 유상으로 취득하는 경우 「지방세법」 제11조 제1항 제7호 나목을 해당 표준세율로 하여 중과기준세율의 100분의 200을 합한 세율을 적용한다.

④ 개수로 인하여 면적이 증가한 경우에는 원시취득으로 보아 28/1,000의 세율을 적용하고 가액이 증가한 경우 간주취득으로 중과기준세율을 적용한다.

⑤ 법인이 주택을 유상승계취득하는 경우 「지방세법」 제11조 제1항 제7호 나목을 해당 표준세율로 하여 중과기준세율의 100분의 400을 합한 세율을 적용한다.

24 취득세 비과세에 대한 설명으로 옳지 않은 것은?

① 신탁재산의 취득 중 주택조합 등과 조합원 간의 부동산 취득 및 주택조합 등의 비조합원용 부동산 취득은 취득세를 부과하지 아니한다.

② 국가·지방자치단체·지방자치단체조합의 취득에 대하여는 취득세를 부과하지 아니한다. 다만, 대한민국 정부기관의 취득에 대하여 과세하는 외국 정부의 취득에 대하여는 그러하지 아니하다.

③ 지방자치단체에 기부채납을 조건으로 부동산을 취득하는 경우라도 그 반대급부로 기부채납 대상물의 무상사용권을 제공받은 때에는 그 해당 부분에 대해서는 취득세를 부과한다.

④ 임시흥행장 공사현장사무소(사치성재산 제외) 등 임시 건축물(존속기간이 1년을 초과하지 않음)의 취득에 대하여는 취득세를 부과하지 아니한다.

⑤ 주택법 규정에 따른 공동주택의 개수(건축법상 대수선 제외)로 인한 취득 중 시가표준액이 9억원 이하인 주택과 관련된 개수로 인한 취득에 대하여는 취득세를 부과하지 아니한다.

25 다음은 취득세의 납세지에 대한 설명이다. 틀린 것은?

① 부동산의 경우는 부동산 소재를 납세지로 한다.

② 취득세는 취득물건의 소재지를 관할하는 특별시, 광역시, 도에서 그 취득자에게 부과하는 도세이다.

③ 취득세는 도세징수의 위임에 관한 규정에 따라 실제로 취득세 부과 · 징수는 과세대상 물건의 소재지를 관할하는 시장 · 군수 · 구청장이 징수하게 된다.

④ 납세지가 분명하지 아니한 경우에는 취득자의 주소지를 그 납세지로 한다.

⑤ 같은 취득물건이 둘 이상의 지방자치단체에 걸쳐 있는 경우 각 시, 군에 납부할 취득세를 산출할 때 그 과세표준은 취득당시의 가액을 취득물건의 소재지별 시가표준액으로 나누어 계산한다.

26 취득세의 부과징수에 대한 설명이다. 틀린 것은?

① 등기 · 등록의 관서의 장은 취득세가 납부되지 아니하였거나 납부부족액을 발견하였을 때에는 다음 달 10일까지 납세지를 관할하는 시장 · 군수에게 통보하여야 한다.

② 토지 또는 건축물을 취득한 자가 그 취득일로부터 1년 이내에 인접된 토지나 건축물을 취득한 경우에는 이를 1건의 토지 또는 건축물을 취득한 것으로 간주하여 면세점 여부를 판단한다.

③ 재산권 그 밖의 권리의 취득 이전에 관한 사항을 공부에 등기하거나 등록을 하려는 경우 취득일로부터 60일 이내에 취득세를 신고하고 납부하여야 한다.

④ 토지의 지목변경에 따라 사실상 그 가액이 증가된 경우 취득세의 신고를 하지 않고 매각하더라도 취득세 중가산세 규정은 적용되지 아니한다.

⑤ 취득세의 신고기한이 지난 후 2개월이 되는 때에 당해 취득세를 부과 고지 받기 전까지 신고한 경우 신고 불성실 가산세를 100분의 30을 경감한다. 이 경우 지방자치단체의 장은 신고일부터 3개월 이내에 그 지방세의 과세표준과 세액을 결정하고 그 내용을 통지하여야 한다.

27 지방세법상 취득세 부과징수에 관한 설명으로 옳은 것은?

① 취득세가 일반과세대상에서 중과세대상이 된 때에는 중과세 대상이 된 날로부터 60일 이내에 그 산출세액에서 이미 납부한 세액(가산세 포함)을 공제한 세액을 신고·납부하여야 한다.

② 부담부증여로 취득한 경우 취득일로부터 3개월 이내 취득세를 신고하고 납부하여야 한다.

③ 취득세 중과세율 적용시 주택수를 계산할 때 주택으로 재산세를 과세하는 오피스텔은 해당 오피스텔을 소유한 자의 주택수에 가산한다

④ 부동산등기법에 따라 채권자대위권에 의한 등기신청를 하려는 채권자는 납세의무자를 대위하여 취득세를 신고납부할 수 있다. 이 경우 지방자치단체의 장은 납세의무자에게 그 사실을 다음 달 10일까지 통보하여야 한다.

⑤ 무상승계취득한 취득물건을 취득일에 등기·등록한 후 화해조서·인낙조서에 의하여 취득일부터 60일 이내에 계약이 해제된 사실을 입증하는 경우에는 취득한 것으로 보지 아니한다.

28 다음 중 취득세에 대한 설명으로 틀린 것은?

① 취득세 납세의무자가 취득세 과세물건을 사실상 취득한 후 신고를 하지 아니하고 매각하는 경우에는 산출세액의 100분의 80을 가산한 금액을 세액으로 하여 보통징수 방법으로 징수한다.

② 지방자치단체의 장은 취득세 납세의무가 있는 법인이 장부 등의 작성과 보존의무를 이행하지 아니한 경우에는 산출된 세액 또는 부족세액의 100분의 20에 상당하는 금액을 징수하여야 할 세액에 가산한다.

③ 납세의무자가 신고기한까지 취득세를 시가인정액으로 신고한 후 지방자치단체의 장이 세액을 경정하기 전까지 그 시가인정액을 수정신고한 경우에는 과소신고가산세를 부과하지 아니한다.

④ 고급주택·골프장 또는 고급오락장용 건축물을 증축·개축 또는 개수한 경우와 일반건축물을 증축·개축 또는 개수하여 고급주택 또는 고급오락장이 된 경우에는 증가한 건축물 가액에 대하여 중과세율을 적용한다.

⑤ 국가·지방자치단체·지방자치단체조합이 취득세 과세물건을 매각하면 매각일로부터 30일 이내에 대통령령으로 정하는 바에 따라 그 물건 소재지를 관할하는 지방자치단체의 장에게 통보하거나 신고하여야 한다.

29 다음 자료에 의해 乙이 甲으로부터 부동산을 취득한 경우 취득세에 대한 설명으로 옳지 않은 것은?

> • 취득일: 2025년 10월 25일
> • 취득세 신고기한 내 등기하고자 함
> • 충청남도 천안 소재 부동산임
> • 대전광역시 서구에 거주함
> • 취득가격: 6억원

① 신고납부 기한 내 공부에 등기를 하려는 경우에는 등기 또는 등록 신청서를 등기 등록관서에 접수하는 날까지 취득세를 신고하고 납부하여야 한다.
② 부동산을 증여로 취득한 경우에는 시가인정액을 취득세 과세표준으로 한다.
③ 무주택자로서 취득한 부동산이 주택인 경우 유상거래 취득인 경우 취득세 세율은 10/1,000이다.
④ 乙이 부동산을 유상으로 취득한 경우 대전광역시 서구에 취득일로부터 60일 이내 취득세를 신고하고 납부하여야 한다.
⑤ 乙의 경우 취득할 때 납세의무가 성립하고 신고하는 때 납세의무가 확정되며 만일 신고를 하지 아니한 경우에는 과세권자 결정하는 때 납세의무가 확정된다.

30 다음은 등록면허세에 대한 설명이다. 틀린 것은?
① 등기 또는 등록이 된 후 무효 또는 취소로 등기·등록이 말소된 경우에도 이미 납부한 등록면허세는 과오납으로 환급할 수 없다.
② 같은 등록에 관계되는 재산이 둘 이상의 지방자치단체에 걸쳐 소재하고 있어 등록면허세를 지방자치단체별로 부과할 수 없을 때에는 등록관청 소재지를 납세지로 한다.
③ 사실상 취득가격을 등록면허세 과세표준으로 하는 경우 등록당시 자산재평가의 사유로 그 가액이 달라진 경우에는 자산재평가 전 가액을 과세표준으로 한다.
④ 등록면허세의 경우 채권자 대위자는 납세의무자를 대위하여 부동산의 등기에 대한 등록면허세를 신고·납부할 수 있다. 이 경우 채권자 대위자는 행정안전부령이 정하는 바에 따라 납부확인서를 발급받을 수 있다.
⑤ 등기 또는 등록에 대한 등록면허세는 재산권 등 그 밖의 권리를 등기 또는 등록하는 때에 납세의무가 성립한다.

31 다음은 등록면허세 과세표준에 대한 설명이다. 틀린 것은?

① 부동산 등기의 경우 등록면허세 납세지는 부동산 소재지이며 납세지가 불분명한 경우에는 등록관청소재지를 납세지로 한다.

② 가압류, 가처분의 경우에는 채권금액을 과세표준으로 하나 가등기의 경우에는 부동산가액 또는 채권금액을 과세표준으로 한다.

③ 지상권 설정등기를 말소하는 경우에는 부동산가액을 과세표준으로 한다.

④ 전세권 설정은 전세금액을, 지역권 설정은 요역지가액을 과세표준으로 한다.

⑤ 취득세 부과제척기간이 경과한 물건의 등기 또는 등록의 과세표준은 등록당시가액과 취득당시가액 중 높은 가액으로 한다.

32 다음은 등록면허세의 세율에 관한 내용으로 틀린 것은?

① 임차권 설정등기의 경우 월 임대차금액의 2/1,000에 해당하는 세율을 적용한다.

② 부동산 등기의 경우에 한하여 등록면허세 세율을 표준세율의 100분의 50의 범위에서 가감조정할 수 있다.

③ 증여로 인한 소유권이전등기의 경우 부동산가액의 1,000분의 15의 세율을 적용한다.

④ 전세권 설정등기를 말소하는 경우에는 전세금액의 1,000분의 2의 세율을 적용한다.

⑤ 등록면허세는 부동산의 등기의 경우 세액이 6,000원 미만인 경우 그 세액을 6,000원으로 한다.

33 거주자인 개인 乙은 甲이 소유한 부동산(시가 6억원)에 전세기간 2년, 전세보증금 3억원으로 하는 전세계약을 체결하고 전세권 설정등기를 하였다. 지방세법상 등록면허세에 관한 설명으로 옳은 것은?

① 과세표준은 6억원이다.

② 표준세율은 월임대차금액의 1천분의 2이다.

③ 납부세액은 60만원이다.

④ 납세지는 부동산 소재지이다.

⑤ 납세의무자는 甲이다.

34 다음 중 등록면허세에 대한 설명으로 틀린 것은?

① 등기·등록관서의 장은 등기 또는 등록 후에 등록면허세가 납부되지 아니하였거나 납부부족액을 발견한 경우에는 다음 달 10일까지 납세지를 관할하는 시장·군수·구청장에게 통보하여야 한다.

② 등록면허세를 신고를 하지 아니한 경우라도 등록면허세 산출세액을 등기·등록을 하기 전까지 납부한 때에는 신고를 하고 납부한 것으로 보아 신고불성실가산세를 부과하지 아니한다.

③ 같은 채권의 담보를 위하여 설정하는 2 이상의 저당권의 등기·등록에 있어서는 이를 하나의 등기·등록으로 보아 처음 등기·등록하는 등기소 또는 등록관청 소재지를 납세지로 한다.

④ 채권금액에 의하여 과세표준을 정하는 경우에 일정한 채권금액이 없을 때에는 채권의 목적이 된 것 또는 처분제한의 목적이 된 금액을 그 채권금액으로 본다.

⑤ 한국은행법이나 한국수출입은행법에 따른 은행업을 영위하는 법인이 대도시에서 지점이나 분사무소를 설치함에 따른 법인등기를 하는 경우 그 세율은 표준세율의 100분의 300으로 중과세한다.

35 다음은 취득세와 등록면허세에 관한 설명이다. 틀린 것은?

① 취득세는 과세표준 표시방법에 따라 종가세로 표시되고 등록면허세는 종가세와 종량세로 표시되며 취득세와 등록면허세 모두 차등 비례세율 구조로 되어있다.

② 취득세와 등록면허세는 신고할 때 납세의무가 확정되고 신고를 하지 아니한 경우에는 과세권자가 결정하는 때 납세의무가 확정되는 조세이다.

③ 부동산에 대한 취득세와 등록면허세 납세지는 부동산 소재지이고 납세지가 불분명한 경우 취득세는 물건 소재지를 납세지로 하고 등록면허세는 등록관청소재지를 납세지로 한다.

④ 취득세와 등록면허세는 소액징수면제를 적용하지 아니한다.

⑤ 등록면허세에서 등록은 재산권과 그 밖의 권리의 설정·변경 또는 소멸에 관한 사항을 공부에 등기하거나 등록하는 것을 말하며 취득세 과세대상에 해당하는 취득을 원인으로 이루어지는 등기 또는 등록을 포함한다.

36 **재산세의 과세대상에 대한 설명이다. 틀린 것은?**

① 건축물에서 허가를 받지 아니하거나 사용승인을 받지 아니하고 주거용으로 사용하는 면적이 전체 면적의 100분의 50 이상인 경우에는 그 건축물 전체를 주택으로 보지 아니하고 그 부속토지는 종합합산과세대상토지로 본다.

② 건축법 시행령에 따른 다가구주택은 1가구가 독립하여 구분사용할 수 있도록 분리된 부분을 1구의 주택으로 보며 그 부속토지는 건물면적의 비율에 따라 각각 나눈 면적을 1구의 부속토지로 본다.

③ 주택의 부속토지 경계가 명백하지 아니한 경우에는 그 주택의 바닥면적의 10배에 해당하는 토지를 주택의 부속토지로 한다.

④ 재산세 과세대상 물건이 공부상 등재상황과 사실상의 현황이 상이한 경우에는 사실상의 현황에 의하여 재산세를 부과한다. 단, 공부상 등재 현황과 다르게 이용함으로써 재산세 부담이 낮아지는 경우 등 대통령령이 정하는 경우는 공부상 등재 현황에 따라 부과한다.

⑤ 1동의 건물이 주거와 주거 외의 용도에 겸용되는 경우에는 주거용으로 사용하는 면적이 100분의 50 이상인 경우에는 전체를 주택으로 본다.

37 **다음 토지 중 재산세 종합합산과세대상에 해당되는 것으로 올바른 것은?**

① 「여객자동차 운수사업법」 또는 「화물자동차 운수사업법」에 따라 여객자동차 운송사업 또는 화물자동차 운송사업의 면허·등록 또는 자동차대여사업의 등록을 받은 자가 그 면허·등록조건에 따라 사용하는 차고용 토지로서 자동차운송 또는 대여사업의 최저보유차고면적기준의 배에 해당하는 면적 이내의 토지

② 군 지역에 소재하는 공장용 건축물 부속토지로서 공장입지 기준면적을 초과하는 토지

③ 일반영업용 건축물로서 건축물의 시가표준액이 해당 부속토지의 시가표준액의 100분의 2에 미달하는 건축물의 부속토지 중 그 건축물의 바닥면적에 해당하는 부속토지

④ 영업용 건축물의 부속토지 중 건축물의 바닥면적에 용도지역별 적용배율을 곱하여 산정한 면적 범위의 토지

⑤ 1990년 5월 31일 이전에 취득하여 종중이 소유하는 농지

38 토지분 재산세 합산과세 대상에 해당하는 토지는 모두 몇 개인가?

> ㉠ 자동차 운전학원용 토지
> ㉡ 건축물의 시가표준액이 토지의 시가표준액의 100분의 2에 미달하는 건축물의 부속
> 토지 중 건축물 바닥면적을 제외한 부속토지
> ㉢ 여객자동차 터미널 및 물류터미널용 토지
> ㉣ 「체육시설의 설치·이용에 관한 법률 시행령」에 따른 회원제 골프장이 아닌 골프장
> 용 토지 중 원형이 보전 되는 임야
> ㉤ 서울특별시 산업단지와 공업지역 안에 위치한 공장용 건축물의 부속토지로 공장입
> 지기준면적을 초과하는 부분의 토지
> ㉥ 「건축법」 등 관계 법령에 따라 허가 등을 받아야 할 건축물로서 허가를 받지 아니한
> 공장용 건축물의 부속토지
> ㉦ 염전
> ㉧ 「자연공원법」에 따라 지정된 공원자원환경지구의 임야
> ㉨ 고급오락장용 부속토지

① 1개 ② 2개 ③ 3개
④ 4개 ⑤ 5개

39 다음의 어느 하나에 해당하는 경우에는 과세기준일로부터 15일 이내에 그 소재지 관할 지방자치단체장에게 신고를 하여야 한다. 이에 해당하지 않는 경우로 옳은 것은?

① 공유재산의 경우 그 지분권자
② 재산의 소유권의 변동 또는 과세대상 재산의 변동사유가 발생되었으나 과세기준일 까지 등기가 되지 아니한 재산의 공부상 소유자
③ 상속이 개시된 재산으로서 상속등기가 되지 아니한 경우의 주된 상속자
④ 공부상 등재 현황과 사실상의 현황이 다르거나 사실상의 현황이 변경된 경우 해당 재산의 사실상 소유자
⑤ 1세대가 둘 이상의 주택을 소유하고 있음에도 불구하고 1세대 1주택 특례세율을 적 용받으려는 경우에 그 세대원

40 재산세 납세의무자에 대한 설명이다. 틀린 것은?

① 상속이 개시된 재산으로서 상속등기가 이행되지 아니하였으나 사실상 소유자를 신고한 경우에는 주된 상속자는 납세의무가 없다.

② 지방자치단체와 재산세 과세대상 재산을 연부로 매매계약을 체결하고 그 재산의 사용권을 유상으로 부여받은 경우에는 그 매수계약자는 재산세를 납부할 의무가 없다.

③ 공부상에 개인 등의 명의로 등재되어 있는 사실상의 종중 재산으로서 종중소유임을 신고하지 아니한 때에는 공부상의 소유자가 재산세를 납부할 의무가 있다.

④ 재산세 납세의무자는 과세기준일 현재 재산세 과세대장에 등재되어 있는 자를 원칙으로 한다.

⑤ 과세기준일 현재 양도·양수가 이루어진 경우 양수인이 재산세 납세의무를 진다.

41 다음 중 재산세 납세의무자에 대한 설명으로 옳은 것은?

① 주택의 건물과 부속토지의 소유자가 서로 다른 경우 그 주택에 대한 산출세액을 건축물과 부속토지의 면적비율로 안분계산한 부분에 대하여 그 소유자를 납세의무자로 본다.

② 신탁법에 의해 수탁자 명의로 등기된 신탁재산의 경우 재산세 납세의무자는 수탁자이다.

③ 공유재산인 경우 지분이 가장 큰 자가 납세의무자이다.

④ 국가·지방자치단체 등이 선수금을 받아 조성하는 토지로서 사실상 조성이 완료된 토지의 사용권을 무상으로 부여 받은 자가 있는 경우에는 무상으로 사용권을 부여 받은 자가 납세의무자이다.

⑤ 과세기준일 현재 소유권의 귀속이 분명하지 아니하여 사실상 소유자를 알 수 없는 경우에는 공부상 소유자를 납세의무자로 한다.

42 재산세 비과세 대한 설명으로 틀린 것은?

① 국가·지방자치단체 또는 지방자치단체조합이 1년 이상 공용·공공용으로 유료로 사용하는 경우 재산세를 과세한다.

② 행정관청으로부터 철거명령을 받은 건축물 등 재산세를 부과하는 것이 적절하지 아니한 건축물 또는 주택(건축물 부분에 한정)은 재산세를 부과하지 아니한다.

③ 「자연공원법」에 따른 공원자연보존지구 내 임야는 재산세를 부과하지 아니한다.

④ 군사시설보호구역 중 통제보호구역 안에 있는 전·답·과수원 대지는 비과세한다.

⑤ 「도로법」에 따른 도로와 그 밖에 일반인의 자유로운 통행을 위하여 제공할 목적으로 개설한 사설도로(대지 안의 공지는 제외)는 재산세를 부과하지 아니한다.

43 다음은 재산세 과세표준과 세율에 대한 설명이다. 잘못된 것은?

① 법령에 따라 산정한 주택의 과세표준이 과세표준상한액[직전 연도 해당 주택의 과세표준 상당액 + (과세기준일 당시 시가표준액으로 산정한 과세표준 × 과세표준상한율)]보다 큰 경우에는 해당 주택의 과세표준은 과세표준상한액으로 한다.

② 종합합산대상 토지는 납세의무자가 소유하고 있는 시·군에 소재하는 종합합산대상이 되는 토지의 가액을 합한 금액을 과세표준으로 하여 초과누진세율을 적용한다.

③ 골프장, 고급오락장용 건축물에 대하여는 1,000분의 40의 세율을 적용한다.

④ 토지분 재산세 시가표준액은 과세기준일 현재 개별공시지가에 공정시장가액비율을 곱하여 산정한 가액으로 한다.

⑤ 주택에 대한 과세표준은 시가표준액에 부동산시장과 지방재정요건 등을 고려하여 시가표준액의 100분의 40부터 100분의 80 범위에서 대통령령이 정하는 공정시장가액비율을 곱하여 산정한다. 다만, 1세대 1주택의 경우 100분의 30에서 100분의 70까지로 한다.

44 다음은 재산세의 세율 적용에 대한 내용이다. 옳지 않은 것은?

① 주택(고급주택 포함)에 대한 재산세 세율은 1/1,000 ~ 4/1,000 4단계 초과누진세율을 적용한다.

② 토지와 건물의 소유자가 다른 주택에 대해 세율을 적용할 때 해당 주택의 토지와 건물가액을 소유자별로 구분 계산한 과세표준에 해당 세율을 적용한다.

③ 1주택자로 시가표준액이 9억원 이하인 주택은 0.5/1,000 ~ 3.5/1,000 4단계 초과누진세율을 적용한다.

④ 지방자치단체의 장은 특별한 재정수요나 재해 등의 발생으로 재산세의 세율 조정이 불가피하다고 인정되는 경우 조례로 정하는 바에 따라 표준세율의 100분의 50의 범위에서 가감할 수 있다. 다만, 가감한 세율은 해당 연도에만 적용한다.

⑤ 시 이상 지역의 주거지역 등의 공장 건축물의 경우 1,000분의 5의 세율을 적용한다.

45 **재산세에 대한 설명 중 옳은 것은?**

① 동일 시·군 내에 여러 개의 주택을 보유한 경우에는 시·군 내 소재하는 주택을
소유자별로 합산한 과세표준에 초과누진세율을 적용한다.

② 지방자치단체의 장은 요건을 모두 충족하는 납세의무자가 1세대 1주택의 재산세액
의 납부유예를 그 납부기한 만료 10일 전까지 신청하는 경우 이를 허가할 수 있다.
이 경우 납부유예를 신청한 납세의무자는 그 유예할 주택 재산세에 상당하는 담보
를 제공하여야 한다.

③ 시장·군수는 과세대상 누락·위법 또는 착오 등으로 인하여 이미 부과한 세액을 변
경하거나 수시부과하여야 할 사유가 발생한 때에도 수시로 부과·징수할 수 없다.

④ 재산세의 부가세는 지방교육세 20%가 부가세로 부과된다. 다만, 재산세 도시지역분
세액은 제외한다.

⑤ 소유권 변동사유가 발생한 재산은 과세기준일로부터 10일 이내에 그 내용을 신고하
여야 하며 신고를 하지 아니한 경우에는 신고불성실 가산세 10%를 부과한다.

46 **다음 중 재산세에 대한 설명으로 옳지 않은 것은?**

① 재산세 세율은 비례세율과 초과누진세율을 적용한다.

② 지방세 중 물납이 가능한 조세는 재산세이다. 따라서 재산세 고지서에 병기하여 고
지할 수 있는 소방분지역자원시설세와 부가세인 지방교육세 등은 물납할 수 없다.

③ 주택의 경우 주택의 공시가격이 6억원인 경우 재산세 세부담 상한은 100분의 150이다.

④ 재산세 납부세액이 250만원을 초과하는 경우 납부기한이 지난 날로부터 3개월 이내
에 분할납부할 수 있다.

⑤ 납세고지서를 발부하는 경우 토지에 대한 재산세는 한 장의 고지서로 발부하되 토
지 외의 재산에 대한 재산세는 건축물, 주택, 선박 및 항공기로 구분하여 과세대상
물건마다 각각 한 장의 고지서로 발급하거나 물건의 종류별로 한 장의 고지서로 발
급할 수 있다.

47 다음은 재산세에 대한 설명이다. 틀린 것은?

① 고지서 1장당 재산세로 징수할 세액이 2천원인 경우 해당 재산세를 징수한다.

② 건축물에서 허가를 받지 아니하거나 사용승인을 받지 아니하고 주거용으로 사용하는 면적이 전체 건축물 면적의 100분의 50 이상인 경우에는 그 건축물 전체를 주택으로 보지 아니하고 그 부속토지는 종합합산대상 토지로 본다.

③ 재산세는 과세기준일에 납세의무가 성립하고 과세권자가 결정하는 때 납세의무가 확정된다.

④ 해당 연도에 부과할 토지분 재산세액이 20만원 이하인 경우 조례로 정하는 바에 따라 납기를 7월 16일부터 7월 31일까지로 하여 한꺼번에 부과·징수할 수 있다.

⑤ 신탁재산의 위탁자가 재산세 등을 체납한 경우로서 그 위탁자의 다른 재산에 대하여 체납처분을 하여도 징수할 금액에 미치지 못할 때에는 해당 신탁재산의 수탁자는 그 신탁재산으로서 위탁자의 재산서 등을 납부할 의무가 있다.

48 다음은 지방세법상 물납과 분납 규정에 대한 설명으로 틀린 것은?

① 납부할 세액이 1천만원을 초과하는 경우에는 납세의무자의 신청을 받아 지방자치단체의 관할구역 안에 소재하는 부동산에 한하여 물납을 허가할 수 있다.

② 물납신청은 납부기한 10일 전까지 신청하여야 하며 물납의 신청을 받은 지방자치단체의 장은 신청을 받은 날부터 5일 이내에 그 허가 여부를 서면으로 통지하여야 한다.

③ 주택분 재산세 납부세액이 800만원인 경우에는 최대 300만원을 분할납부할 수 있다.

④ 물납을 허가하는 부동산의 가액은 과서기준일 현재 시가에 의한다.

⑤ 분납을 신청한 경우에는 과세권자는 납부기한 내 납부할 납세고지서와 분납 기간내 납부할 납세고지서로 구분하여 수정고지 하여야 한다.

49 甲은 공시가격이 6억원인 토지를 보유하고 있다. 동 토지에 대하여 2024년에 납부한 재산세액은 50만원인 경우로서, 2025년도 재산세가 100만원인 경우 2025년도 9월 16일부터 9월 30일까지 甲이 납부할 재산세액은 얼마인가?

① 275,000원 ② 750,000원 ③ 550,000원
④ 250,000원 ⑤ 500,000원

50 재산세 부과징수에 대한 설명이다. 옳은 것은?

① 재산세 과세대상 토지는 분리과세대상, 종합합산대상, 별도합산대상으로 구분하여 시·군·구 별로 소유자별로 합산하여 초과누진세율을 적용한다.

② 재산세 물납을 하고자 하는 경우 납부기한까지 법령이 정하는 서류를 갖추어 시장·군수·구청장에게 신청하여야 한다.

③ 소유권 변동 등으로 인한 신고의무가 있는 납세의무자가 신고를 하지 아니한 경우에는 가산세가 부과되며 시장·군수는 그 재산의 소유자를 직권으로 등기할 수 있다.

④ 과밀억제권역 내 공장 신·증설의 경우 공장 건축물에 대하여 표준세율의 500/100에 해당하는 세율을 5년간 중과세 하지만 중과세 기간 중에 승계 취득한 자는 남은 기간에 대하여 납세의무가 없다.

⑤ 재산세를 징수하려면 토지, 건축물, 주택, 선박, 항공기로 각각 구분된 납세고지서에 과세표준과 세액을 적어 늦어도 납기개시 5일 전까지 발급하여야 한다.

51 다음 중 재산세에 대한 설명으로 옳은 것은?

① 주택의 부속토지 경계가 명백하지 아니한 경우에는 그 주택의 바닥면적의 10배에 해당하는 토지를 주택의 부속토지로 한다.

② 지방세특례제한법에도 불구하고 동일한 주택이 1세대 1주택에 대한 주택 세율 특례와 재산세 경감규정의 적용대상이 되는 경우로서 이 둘이 중복되는 경우에는 중복하여 적용한다.

③ 주택에 대한 재산세의 납기는 건물분은 7월 16일부터 7월 31일까지, 토지분은 9월 16일부터 9월 30일까지이다.

④ 재산세는 원칙적으로 납세의무성립일로부터 7년이 지나면 재산세를 부과할 수 없다.

⑤ 물납 신청 후 불허가 통지를 받은 경우에는 다른 부동산으로 변경 신청할 수 없고 금전으로만 납부하여야 한다.

52 다음 종합부동산세에 관한 설명으로 옳지 않은 것은?

① 관할 세무서장은 납부하여야 할 세액이 1천만원을 초과하면 물납을 허가할 수 있다.

② 관할 세무서장이 종합부동산세를 부과·징수하는 경우 납부고지서에 주택 및 토지로 구분한 과세표준과 세액을 기재하여 납부기간 개시 5일 전까지 발부하여야 한다.

③ 개인이 2주택 이하를 소유한 경우 5/1,000 ~ 27/1,000의 초과누진세율을 적용하고 별도합산대상토지의 경우 5/1,000 ~ 7/1,000 초과누진세율을 종합합산대상토지는 10/1,000 ~ 30/1,000의 초과누진세율을 적용한다.

④ 종합부동산세는 과세기준일에 납세의무가 성립하고 과세권자가 결정하는 때 납세의무가 확정된다.

⑤ 법인(공익법인 등은 제외) 소유 주택의 경우 과세표준 계산시 9억원 공제를 적용하지 않고 세부담상한도 적용하지 아니하며 세율은 비례세율(27/1,000 또는 50/1,000)을 적용한다.

53 다음은 종합부동산세에 관한 내용이다. 옳은 것은?

① 관할 세무서장은 종합부동산세로 납부하여야 할 세액이 500만원을 초과하는 경우는 그 세액의 일부를 납부기한이 경과한 날부터 6개월 이내에 분납하게 할 수 있다.

② 종합부동산세는 주택에 대한 종합부동산세와 토지에 대한 종합부동산세의 세액을 합한 금액을 그 세액으로 한다.

③ 종합합산대상 토지에 대한 종합부동산세의 과세표준은 납세의무자별로 전국의 종합합산대상 토지의 공시가격을 합산한 금액에서 5억원을 공제한 금액으로 한다.

④ 종합부동산세는 납세의무자가 선택하는 경우 신고납부할 수 있으며 신고납부를 선택하는 경우 이미 부과된 과세권자의 결정은 없었던 것으로 본다. 이때 신고를 하지 아니한 경우 무신고가산세와 과소신고가산세가 부과된다.

⑤ 1세대 1주택자의 연령별 세액공제와 장기보유세액공제가 중복되는 경우는 공제율 합계 100분의 70 범위에서 중복공제가 가능하다.

54 다음은 종합부동산세에 관한 내용이다. 틀린 것은?

① 1세대가 일반 주택과 합산배제 신고한 임대주택을 각각 1채씩 소유한 경우 해당 일반 주택에 그 주택 소유자가 과세기준일 현재 그 주택에 주민등록이 되어 있고 실제로 거주하고 있는 경우에 한정하여 1세대 주택에 해당한다.

② 합산 배제 주택에 해당하는 주택을 보유한 납세의무자는 당해 연도 9월 16일부터 9월 30일까지 대통령령이 정하는 바에 따라 납세지 관할세무서장에게 당해 주택의 보유현황을 신고하여야 한다.

③ 과세대상 토지가 매매로 유상이전되는 경우로서 매매계약서 작성일이 2025년 6월 1일이고, 잔금지급 및 소유권이전등기일이 2025년 6월 29일인 경우 종합부동산세 납세의무자는 매도자이다.

④ 1주택과 다른 주택의 부속토지(주택의 건물과 부속토지의 소유자가 다른 경우의 그 부속토지를 말함)를 함께 소유하고 있는 경우에는 1세대 1주택자로 본다.

⑤ 거주자 甲이 2024년부터 보유한 3주택(주택 수 계산에서 제외되는 주택은 없음) 중 2주택을 2025년 6월 17일에 양도하고 동시에 소유권이전등기를 한 경우, 甲의 2025년도 주택분 종합부동산세액은 1주택을 소유한 경우의 세율을 적용하여 계산한다.

55 다음은 종합부동산세에 대한 설명이다. 틀린 것은?

① 관할 세무서장은 종합부동산세로 납부할 세액이 400만원인 경우 최대 150만원을 납부기한 경과한 날로부터 6개월 이내 분납하게 할 수 있다.

② 종합부동산세 납세의무자가 개인인 경우 납세지는 「소득세법」상의 납세지를 준용한다.

③ 관할세무서장은 납부하여야 할 종합부동산세의 세액을 결정하여 당해 연도 12월 1일부터 12월 15일까지 부과·징수한다.

④ 과세기준일 현재 만 60세 이상인 자가 보유하고 있는 종합부동산세 과세대상인 토지에 대하여는 연령에 따른 세액공제를 받을 수 있다.

⑤ 주택분 종합부동산세액에서 공제되는 재산세액은 재산세 표준세율의 100분의 50범위에서 가감된 세율이 적용된 경우에는 그 세율이 적용된 세액으로 하고 재산세 세부담상한을 적용받은 경우에는 그 상한을 적용받은 세액으로 한다.

56 다음은 종합부동산세 대한 설명이다. 틀린 것은?

① 주택에 대한 세부담상한의 기준이 되는 직전 연도에 해당 주택에 부과된 주택에 대한 총세액상당액은 납세의무자가 해당 연도의 과세표준 합산주택을 직전 연도 과세기준일에 실제로 소유하였는지의 여부를 불문하고 직전 연도 과세기준일 현재 소유한 것으로 보아 계산한다.

② 1세대 1주택 부부 공동명의자의 경우 9월 16일부터 9월 30일까지 1주택 단독명의자로 신청할 수 있다.

③ 「건축법」 등 관계 법령에 따라 허가 등을 받아야 할 건축물로서 허가 등을 받지 아니한 건축물의 부속토지는 종합부동산세 과세대상이다.

④ 관할세무서장은 법령이 정하는 요건을 모두 충족하는 납세의무자가 주택분 종합부동산세액의 납부유예를 그 납부기한 만료 3일 전까지 신청하는 경우 이를 허가할 수 있다. 이 경우 납부유예를 신청한 납세의무자는 그 유예할 주택분 종합부동산세액에 상당하는 담보를 제공하여야 한다.

⑤ 주택분 종합부동산세액을 계산할 때 1주택을 여러 사람이 공동으로 매수하여 소유한 경우 지분이 가장 큰 자가 소유한 것으로 본다.

57 2025년 종합부동산세에 대한 설명으로 옳지 않은 것은?

① 종합부동산세 납세의무자가 비거주자인 개인으로서 국내사업장이 없고 국내 원천소득이 발생하지 아니하는 1주택을 소유한 경우 그 주택 소재지를 납세지로 한다.

② 「신탁법」 제2조에 따른 수탁자의 명의로 등기 또는 등록이 된 신탁재산으로서 주택의 경우에는 같은 조에 따른 위탁자가 종합부동산세를 납부할 의무가 있다. 이 경우 위탁자가 신탁재산을 소유한 것으로 본다.

③ 납세자에게 부정행위가 없으며 특례제척기간에 해당하지 않는 경우 원칙적으로 납세의무 성립일로부터 7년이 지나면 종합부동산세를 부과할 수 없다.

④ 별도합산대상 토지와 종합합산대상토지 주택의 경우 세부담상한은 100분의 150이다.

⑤ 1세대 1주택자는 주택의 공시가격을 합산한 금액에서 12억원을 공제한 금액에 공정시장가액비율(60%)을 곱한 금액을 과세표준으로 한다

58 「종합부동산세법」상 주택분 종합부동산세액의 계산시 적용하여야 하는 주택 수에 관한 설명으로 틀린 것은?

① 1주택을 여러 사람이 공동으로 소유한 경우 공동 소유자 각자가 그 주택을 소유한 것으로 본다.

② 상속을 통해 공동 소유한 주택으로 과세기준일 현재 주택에 대한 소유 지분율이 30% 이하인 경우 기간과 관계없이 주택수에서 제외한다.

③ 「건축법 시행령」 별표1 제1호 다목에 따른 다가구주택은 1주택으로 본다.

④ 1세대 1주택자가 종전주택 양도 전 다른 주택을 대체 취득한 경우 주택수에서 제외한다. 단, 신규주택 취득 후 3년 이내 종전 주택 양도하는 경우로 한정한다.

⑤ 1세대 1주택자가 지방 저가주택(수도권, 광역시, 특별자치시 밖의 소재 주택)으로 공시가격 4억원 이하인 주택은 주택수에 제외한다.

59 거주자 甲은 2025년 국내에 주택 2채(다가구주택 아님) 및 상가건축물 1채와 별도합산대상토지 2필지를 소유하고 있다. 甲의 2025년 귀속 재산세와 종합부동산세에 대한 설명으로 옳은 것은?

① 甲의 별도합산대상토지의 경우 재산세는 토지별로 각각의 과세표준에 초과누진세율을 적용하고 종합부동산세의 경우 납세의무자별로 합산한 과세표준에 초과누진세율을 적용한다.

② 甲의 상가건축물에 대한 종합부동산세 과세표준은 납세의무자별로 건축물의 공시가격을 합한 금액에 공정시장가액비율을 곱한 금액을 과세표준으로하여 비례세율을 적용한다.

③ 甲의 주택의 경우 재산세는 세부담상한을 적용하지 않지만 종합부동산세는 세부담상한을 적용한다.

④ 甲의 주택의 경우 재산세는 주택의 과세표준을 합한 과세표준에 세율을 적용하고 종합부동산세의 경우 주택별로 각각의 과세표준에 세율을 적용한다.

⑤ 甲의 주택에 대한 종합부동산세는 공시가격 합한 금액에서 12억원을 공제한 금액에 공정시장가액비율을 곱한 금액으로 한다.

60 다음은 종합부동산세와 재산세에 대한 설명이다. 틀린 것은?

① 재산세와 종합부동산세의 납세의무 성립시기는 동일하지만 납세지는 다르다.

② 재산세의 경감에 관한 규정은 종합부동산세를 부과함에 있어서 이를 준용한다.

③ 재산세와 종합부동산세는 납부세액이 250만원을 초과하는 경우 납부기한 지난 후 3개월 이내 분할납부할 수 있다.

④ 재산세는 과세대상별로 납부기간을 다르게 규정하지만 종합부동산세는 과세대상의 종류와 관계없이 동일하다.

⑤ 재산세와 종합부동산세의 분납의 경우 기준금액은 동일하지만 분납기간은 다르다.

61 다음 중 양도소득세 과세대상으로 옳지 않은 것은?

① 영업권(사업에 사용하는 토지·건물·부동산에 관한 권리와 분리하여 양도하는 것)

② 등기된 부동산임차권

③ 부동산 매매계약을 체결한 자가 계약금만 지급한 상태에서 양도하는 권리

④ 토지 건물과 함께 양도하는 이축권

⑤ 법인의 주식을 소유하는 것만으로 시설물을 배타적으로 이용하게 되는 경우 그 주식의 양도

62 다음 중 양도소득세의 양도에 해당하는 것으로 옳은 것은 몇 개인가?

> ㉠ 본인 소유 자산을 경매·공매로 인하여 자기가 재취득하는 경우
> ㉡ 도시개발법이나 그 밖의 법률에 따른 환지처분시 교부받은 토지 면적이 권리면적보다 감소되어 보상금을 받은 경우
> ㉢ 매매원인 무효 소에 의하여 그 매매사실이 원인무효로 확정되어 환원되는 경우
> ㉣ 이혼한 자 일방의 재산분할청구소에 의하여 부동산이 이전되는 경우
> ㉤ 법원의 확정판결에 의하여 신탁해지를 원인으로 소유권이전 등기하는 경우
> ㉥ 토지의 지적 경계를 변경에 따른 토지의 분할 등 대통령령이 정하는 방법과 절차에 의한 토지 교환
> ㉦ 적법하게 체결된 계약이 당사자 간의 합의에 의해 해제가 되어 소유권이 환원되는 경우
> ㉧ 개인이 토지를 법인에 현물출자하는 경우
> ㉨ 법원의 확정판결에 의한 이혼위자료로 배우자에게 토지의 소유권을 이전하는 경우

① 1개   ② 2개   ③ 3개

④ 4개   ⑤ 5개

63 다음은 양도소득세가 과세되는 양도에 대한 설명이다. 틀린 것은?

① 「국세징수법」에 따라 甲 소유 부동산이 직계비속인 乙에게 공매로 이전되는 경우에는 증여로 보지 아니하고 甲에게 양도소득세를 과세한다.

② 배우자 직계존비속 간의 부담부증여의 경우 수증자의 채무부담분에 대하여는 양도로 보지 아니하고 증여로 본다.

③ 환지처분으로 인하여 지목 또는 지번이 변경되거나 보류지로 충당되는 경우에는 양도로 보지 아니한다.

④ 양도담보계약을 체결한 후 채무불이행으로 인하여 당해 자산을 변제에 충당한 때에는 그 때에 이를 양도하는 것으로 본다.

⑤ 양도라 함은 매도·교환·법인에 대한 현물출자 등으로 그 자산이 유상으로 이전되는 것으로 소유권 이전을 위한 등기·등록을 과세의 조건으로 한다.

64 거주자 甲이 2025년 중 국내 소재 상업용 건물을 거주자 乙에게 부담부증여를 한 경우에 대한 설명으로 옳지 않은 것은? (단, 乙이 甲의 피담보채권을 인수함)

> ㉠ 취득당시 실거래가액 : 8천만원
> ㉡ 증여일 현재 상속세 및 증여세법에 따른 평가액 : 5억원
> ㉢ 상업용 건물에는 금융회사로부터의 차입금 1억원(채권최고액 : 1억2천만원)에 대한 근저당권이 설정되어 있음
> ㉣ 취득당시 기준시가 : 5천만원

① 甲과 乙이 배우자 직계존비속이 아닌 경우 甲은 1억원에 대하여 양도소득세 납세의무가 있고 乙은 4억원에 대하여 증여세 납세의무가 있다.

② 甲과 乙이 배우자 직계존비속이 아닌 경우 양도차익 계산시 상업용 건물의 취득가액은 8천만원이다.

③ 甲과 乙이 형제인 경우 채무인수액은 양도로 보고 채무액을 제외한 나머지 부분은 증여로 본다.

④ 양도로 보는 부분에 대한 양도소득세 예정신고 기한은 양도일이 속한 달의 말일부터 3개월 이내 예정신고를 하여야 한다.

⑤ 甲과 乙이 배우자 직계존비속인 경우 그 재산가액 전체를 증여한 것으로 추정하여 이를 배우자 등의 증여재산 가액으로 한다.

65 다음은 양도소득세에 대한 설명이다. 틀린 것은?

① 양도소득 과세표준은 종합소득 및 퇴직소득에 대한 과세표준과 구분하여 계산한다.

② 양도가액이 실지거래가액이 15억원인 1세대 1주택의 비과세 규정을 적용함에 있어서 하나의 건물이 주택과 주택 외의 부분으로 복합되어 있는 경우에는 면적과 관계없이 그 전부를 주택으로 본다.

③ 1세대 1주택인 고가주택을 양도한 경우 실지양도가액 중 12억원을 초과하는 부분의 양도차익에 대해서는 양도소득세가 과세된다.

④ 거주자가 이축권을 양도하여 발생한 양도차손은 같은 해에 분양권을 양도하여 발생한 양도소득금액에서 이를 공제 받을 수 있다.

⑤ 거주자가 국내 상가건물을 양도한 경우 거주자의 주소지와 상가 건물의 소재지가 다르다면 양도소득세 납세지는 양도자의 주소지 관할 세무서이다.

66 다음은 소득세법상 양도자산의 양도 또는 취득시기에 관한 설명이다. 옳지 않은 것은?

① 민법 규정에 의하여 부동산의 소유권을 시효취득 하는 경우에 양도소득세의 취득시기는 점유개시일이다.

② 부동산의 소유권이 타인에게 이전되었다가 법원의 무효판결에 의하여 당해 자산의 소유권이 환원되는 경우 당해 자산의 취득시기는 그 자산의 당초 취득일이다.

③ 도시개발법 기타 법률의 규정에 의한 환지처분으로 취득하는 토지의 취득시기는 환지 전 토지 취득일이다.

④ 매매계약서 등에 기재된 잔금지급약정일보다 앞당겨 잔금을 받거나 늦게 받는 경우에도 사실상 대금청산일이 양도 또는 취득시기가 된다.

⑤ 목적물이 완성되지 않은 자산을 취득한 경우 당해 자산의 대금을 완납하였다면 대금완납일을 취득시기로 본다.

67 양도소득세 과세표준 산출과정에 관한 내용으로 옳지 않은 것은?

① 양도소득세 산출세액은 양도차익에서 장기보유특별공제와 양도소득기본공제를 한 금액에 해당 양도소득세 세율을 적용하여 계산한 금액을 그 산출세액으로 한다.

② 취득당시 실지거래가액을 확인할 수 없는 경우 추계결정, 경정에 의하여 환산취득가액을 취득가액으로 하는 경우에는 실제 발생한 자본적 지출과 양도비용의 합계액이 환산취득가액과 필요경비개산공제액을 합한 금액보다 큰 경우에는 이를 필요경비로 계산할 수 있다.

③ 토지를 취득함에 있어서 부수적으로 매입한 채권을 만기 전에 양도함으로 발생하는 매각차손은 채권의 매매 상대방과 관계없이 전액을 양도비용으로 인정된다.

④ 양도소득금액 계산시 마지막 공제 항목은 장기보유특별공제이다.

⑤ 양도자가 그와 특수관계 있는 자와의 거래로 인하여 조세를 부당하게 감소시킨 것으로 인정되는 때에는 그 거주자의 행위 또는 계산에 관계없이 소득세법에 따라 소득금액을 계산할 수 있다.

68 다음 중 양도소득세의 양도차익 계산에 대한 설명 중 옳지 않은 것은?

① 양도차익을 계산함에 있어서 양도가액을 실지거래가액(매매사례가액, 감정가액 포함)에 의하는 때에는 취득가액도 실지거래가액(매매사례가액, 감정가액, 환산취득가액)에 의하고, 양도가액을 기준시가에 의하는 때에는 취득가액도 기준시가에 의하여야 한다.

② 지적공부상 면적이 증가한 해당 토지를 양도할 때 지적재조사 결과 보유한 토지 면적이 증가하여 납부한 조정금은 취득가액에서 제외한다.

③ 양도자산을 취득한 후 쟁송이 있는 경우 그 소유권 확보를 위하여 직접 소요된 소송비용 화해비용 등으로서 그 지출한 연도의 각 소득금액 계산에 있어서 필요경비로 산입된 금액을 제외한 금액은 취득가액에 포함하지 아니한다.

④ 취득가액을 추계조사 결정 경정하는 경우 자본적 지출과 양도비 대신 필요경비개산공제를 적용한다.

⑤ 상속 또는 증여받은 자산에 대하여 양도차익을 실지거래가액에 의하여 계산하여야 하는 경우에는 「상속세 및 증여세법」의 규정에 의하여 평가한 가액을 취득당시의 실지거래가액으로 본다.

69 거주자 甲의 2025년 양도소득에 관한 자료이다. 양도소득세 확정신고시 토지의 양도소득금액으로 옳은 것은?

> ㉠ 甲은 2015년 2월 토지를 취득하여 등기를 마치고 이를 담보로 은행으로부터 2억원을 차입하였다. 취득시 실거래가는 4억원이고 개별공시지가는 3억원이다.
> ㉡ 2025년 12월 甲은 토지를 동생 乙에게 증여하였으며 乙은 토지를 증여받고 상기차입금 2억원을 인수하였다. 증여시 토지의 상속세 및 증여세법에 의한 시가는 확인되지 않았으며 개별공시지가는 5억원이다(乙의 차입금 인수사실을 객관적으로 입증되었고 乙은 차입금 및 이자를 상환할 능력이 있음).
> ㉢ 토지의 실제 가본적지출은 1천만원이며 필요경비개산공제율은 3%이고 장기보유특별공제율은 20%이다.
> ㉣ 甲은 해당 연도에 토지 외 부동산의 거래를 하지 않았다.

① 36,400,000원 ② 58,620,000원
③ 61,120,000원 ④ 89,180,000원
⑤ 91,680,000원

70 양도차익을 계산함에 있어서 양도가액을 실지거래 가액에 의하는 때에는 취득가액도 실지거래가액에 의한다. 다음 중 실지취득가액에 대한 설명으로 옳은 것은?

① 자본적 지출액은 그 지출에 관한 증명서류를 수취·보관하지 않은 경우에는 실제 지출사실이 금융거래 증명서류에 의하여 확인되는 경우에도 양도차익 계산시 양도가액에서 공제할 수 없다.

② 아파트를 분양받아 취득한 자가 부가가치세법상 일반 사업자로서 사업용으로 분양받은 경우의 부가가치세는 취득가액에 포함한다.

③ 당사자 약정에 따라 취득원가에 이자상당액을 가산하여 거래가액을 확정하는 경우 당해 이자상당액은 취득원가에 포함하지 아니한다.

④ 실지거래가액에 의한 양도가액 또는 취득가액의 실지거래가액을 인정 또는 확인할 수 없는 경우에는 매매사례가액 － 감정가액 － 환산취득가액 － 기준시가 순서로 추계 조사, 결정, 경정할 수 있다.

⑤ 취득원가에 상당한 가액으로서 매입원가에 취득세, 등록면허세, 재산세 기타 부대비용을 가산한 금액으로 한다.

71 소득세법상 거주자 甲이 2020년 5월 25일에 취득하여 2025년 10월 25일에 등기한 상태로 양도한 건물에 대한 자료이다. 甲의 양도소득세 부담을 최소화하기 위한 양도차익은?

> ㉠ 취득과 양도당시 실지거래가액은 확인되지 않음
> ㉡ 취득당시 매매사례가액과 감정가액은 없으며 기준시가는 1억원이다.
> ㉢ 양도당시 매매사례가액은 3억원이고 감정가액은 없으며 기준시가는 2억원이다.
> ㉣ 자본적 지출액은 1억 4천만원이다.
> ㉤ 양도비 지출액(공증비용, 인지대, 중개보수)은 2천만원이다.

① 1억 4천만원 ② 1억 4천 2백만원
③ 1억 4천 3백만원 ④ 1억 4천 7백만원
⑤ 1억 4천 9백만원

72 甲이 다음과 같은 요건을 충족한 주택을 양도한 경우 비과세면적을 구하면? (단, 고가주택이 아님)

> ㉠ 1세대 1주택임(수도권 녹지지역임)
> ㉡ 보유기간 : 3년(2년 거주)
> ㉢ 주거부분 : 40m², 상가 : 60m²
> ㉣ 부속토지 : 600m²

① 건물 : 40m², 토지 : 200m²
② 건물 : 40m², 토지 : 240m²
③ 건물 : 60m², 토지 : 360m²
④ 건물 : 60m², 토지 : 400m²
⑤ 건물 : 60m², 토지 : 240m²

73 1세대 1주택에 해당하는 아파트를 5억원에 취득하여 5년 보유(거주기간 5년) 후 15억원에 양도할 때 비과세되는 양도차익은 얼마인가? (단, 취득가액을 포함한 필요경비는 10억원으로 한다)

① 4억원 ② 1억원 ③ 5억원
④ 2억원 ⑤ 8천만원

74 다음은 양도소득세를 과세함에 있어 장기보유특별공제에 관한 설명이다. 옳지 않은 것은?

① 양도자산(1세대 1주택)의 보유기간이 10년이고 거주기간이 1년인 경우 장기보유특별공제액으로 양도차익의 20%를 공지한다.

② 조정대상 지역 내 2주택과 미등기 양도, 국외자산 양도의 경우 장기보유특별공제를 적용하지 아니한다.

③ 조합원 입주권(승계취득의 경우 제외)의 경우 보유기간은 종전 토지 건물의 취득일로부터 관리처분계획인가일까지를 보유기간으로 한다.

④ 법원의 결정에 의하여 양도 당시 취득에 관한 등기가 불가능한 부동산에 대하여는 장기보유특별공제가 적용된다.

⑤ 배우자 또는 직계존비속 간 증여재산 이월과세가 적용되는 경우에는 증여한 배우자 또는 직계존비속이 해당 자산을 취득한 날부터 기산한다.

75 다음 중 양도소득기본공제에 대한 설명으로 틀린 것은?

① 거주자가 국내 토지와 주식을 해당 과세기간 중에 각각 처분한 경우 적용받는 양도소득기본공제액은 최대 500만원이다.

② 등기된 사업용 토지로 보유기간이 3년 미만인 경우에는 양도소득기본공제를 받을 수 없다.

③ 조세특례제한법상 기타 법률의 규정에 의한 감면소득금액이 있는 경우에는 당해 감면소득금액 외의 양도소득금액에서 먼저 공제한다.

④ 양도소득기본공제는 보유기간의 장단 여부에 관계없이 양도소득이 있는 거주자(비거주자 포함)에 대하여 일정액을 공제는 인적공제제도이다. 따라서 해당 자산을 2인 이상 공유하는 경우에는 각자 공제 적용을 받을 수 있다.

⑤ 양도소득기본공제는 당해 연도 양도소득금액에서 소득별로 각각 연 250만원을 공제한다. 단, 미등기 양도자산의 양도소득금액에 대하여는 공제를 적용하지 아니한다.

76 다음은 장기보유특별공제와 양도소득기본공제에 대한 설명이다. 가장 잘못된 것은?

① 장기보유특별공제와 양도소득기본공제의 경우 거주자와 비거주자 모두 공제받을 수 있다.

② 등기된 비사업용 토지의 경우에 장기보유특별공제와 양도소득기본공제 모두 적용한다.

③ 당해 연도에 2회 이상 양도하는 경우에 양도소득기본 공제는 먼저 양도하는 자산부터 순차적으로 공제하나 장기보유특별공제는 요건만 갖추면 금액 및 횟수에 관계없이 공제 가능하다.

④ 1세대 1주택임에도 비과세에서 배제되는 고가주택인 경우에는 장기보유특별공제의 적용은 배제하나 양도소득기본공제는 배제하지 않는다.

⑤ 장기보유특별공제는 국외자산 양도시에는 공제받을 수 없지만 양도소득기본공제는 국내 국외자산에 대하여 모두 공제받을 수 있다.

77 다음은 양도소득세 양도소득 과세표준 계산에 관한 설명이다. 틀린 것은?

① 필요경비, 장기보유특별공제, 양도소득기본공제는 과세표준을 감소시키는 항목에 해당한다.

② 양도소득금액은 양도차익에서 장기보유특별공제를 차감한 금액으로 한다.

③ 부동산을 미등기 양도하는 경우에는 양도차익과 과세표준이 동일하다.

④ 양도소득 과세표준은 종합소득 및 퇴직소득에 대한 과세표준과 구분하여 계산한다.

⑤ 양도소득기본공제는 양도소득금액 계산 과정시 필요한 항목에 해당한다.

78 소득세법상 배우자 간 증여재산의 이월과세에 관한 설명으로 옳은 것은?

① 이월과세를 적용하는 경우 거주자가 배우자로부터 증여받은 자산에 대하여 납부한 증여세는 필요경비에 산입하지 아니한다.

② 이월과세를 적용하는 경우 증여자와 수증자는 양도소득세에 대하여 연대 납세의무가 있다.

③ 거주자가 양도일로부터 소급하여 10년 이내에 그 배우자(양도 당시 사망으로 혼인관계가 소멸된 경우 포함)로부터 증여받은 토지를 양도할 경우 이월과세를 적용한다.

④ 거주자가 사업인정고시일부터 소급하여 2년 이전에 배우자로부터 증여받은 경우로서 공익사업을 위한 토지 등이 취득 및 보상에 관한 법률에 따라 수용된 경우에는 이월과세를 적용하지 아니한다.

⑤ 이월과세를 적용하여 계산한 양도소득 결정세액이 이월과세를 적용하지 않고 계산한 양도소득 결정세액보다 적은 경우에 이월과세를 적용한다.

79 거주자 甲은 2019. 10. 20. 취득한 토지(추득가액 3억원, 등기함)를 동생인 거주자 乙(특수관계인임)에게 2022. 8. 1. 증여(시가 6억원, 등기함)하였다. 乙은 해당 토지를 2025. 10. 25. 특수관계가 없는 丙에게 양도(양도가액 10억원)하였다. 양도소득은 乙에게 실질적으로 귀속되지 아니하고, 乙의 증여세와 양도소득세를 합한 세액이 甲이 직접 양도하는 경우로 보아 계산한 양도소득세보다 적은 경우에 해당한다. 소득세법상 양도소득세 납세의무에 관한 설명으로 틀린 것은?

① 양도차익 계산시 취득가액은 3억원으로 한다.

② 乙이 납부한 증여세는 양도차익 계산시 필요경비에 산입한다.

③ 양도소득세에 대해서는 甲과 乙이 연대하여 납세의무를 진다.

④ 甲은 양도소득세 납세의무자이다.

⑤ 양도소득세 계산시 보유기간은 甲의 취득일부터 乙의 양도일까지의 기간으로 한다.

80　양도소득세 세율에 대한 설명이다. 옳은 것은?

① 10개월 보유한 1주택 : 100분의 50
② 1년 6개월 보유한 조합원입주권 : 100분의 50
③ 2년 6개월 보유한 분양권 : 6~45%
④ 10개월 보유한 상가건물 : 100분의 50
⑤ 6개월 보유한 골프 회원권 : 100분의 50

81　소득세법상 미등기 양도자산에 대한 설명으로 틀린 것은?

① 미등기 양도자산의 경우 비과세 규정을 적용하지 아니한다.
② 미등기 양도자산의 경우 양도소득기본공제를 적용하지 아니한다.
③ 법률의 규정에 의하여 양도 당시 그 자산의 취득에 관한 등기가 불가능한 자산의 경우 장기보유특별공제를 적용한다.
④ 미등기 양도자산은 양도소득세 산출세액에 100분의 70을 곱한 금액을 양도소득 결정세액에 더한다.
⑤ 미등기 양도의 경우에도 필요경비개산공제를 적용한다.

82　양도소득세 비과세에 대한 설명으로 옳지 않은 것은?

① 지적재조사에 관한 특별법에 따른 경계확정으로 지적공부상 면적이 감소되어 지급받는 조정금에 대해서는 양도소득세를 과세하지 아니한다.
② 법원의 결정에 의하여 양도 당시 취득에 관한 등기가 불가능한 자산은 양도소득세 비과세가 배제되는 미등기 양도자산에 해당한다.
③ 비과세 판단시 거주기간은 주민등록표 등본에 따른 전입일부터 전출일까지의 기간으로 한다.
④ 건축허가를 받지 아니하여 등기가 불가능한 비과세 요건을 충족한 1세대 1주택의 경우 비과세한다.
⑤ 토지를 매매하는 거래당사자가 매매계약서의 거래가액을 실지거래가액과 다르게 적은 경우에는 해당 자산에 대하여 「소득세법」에 따른 양도소득세의 비과세에 관한 규정을 적용할 때 비과세 받을 세액에서 비과세에 관한 규정을 적용하지 않았을 경우의 양도소득 산출세액과 매매계약서의 거래가액과 실지거래가액과의 차액 중 적은 금액을 뺀다.

83 다음은 양도소득세 기간계산에 대한 설명이다. 잘못된 것은?

① 장기보유특별공제 적용시 특수관계인으로부터 증여받은 자산을 10년 이내 양도한 경우로서 부당행위계산으로 인정되는 경우에는 당초 증여자가 당해 자산을 취득한 날부터 양도일까지로 한다.

② 부동산을 배우자로부터 증여받고 1년 6개월 후 양도하였다면 양도차익계산 계산시 취득시기는 당초 증여한 배우자의 취득일을 취득시기로 한다.

③ 상속의 경우 세율 적용시 보유기간 계산은 상속개시일을 취득일로 본다.

④ 상속받은 주택으로서 상속인과 피상속인이 상속개시 당시 동일세대인 경우에는 상속개시 전에 상속인과 피상속인이 동일세대로서 거주하고 보유한 기간을 통산한다.

⑤ 취득 당시 조정대상 지역에 있는 주택의 경우 주택의 보유기간이 2년 이상이고 거주기간이 2년 이상이어야 한다.

84 다음은 1세대 1주택에 대한 설명이다. 틀린 것은?

① 국내에 1주택만 보유하고 있는 1세대가 해외이주로 세대전원이 출국하는 경우 출국일로부터 2년 이내 해당 주택을 양도하면 비과세된다.

② 1주택을 여러 사람이 공동 소유한 경우 주택수를 계산할 때 지분이 가장 큰 자가 그 주택을 소유한 것으로 본다.

③ 주택의 부수토지는 수도권 주거지역의 경우 주택정착 면적의 3배까지를 주택의 부수토지로 본다. 이때 무허가 정착면적도 주택정착면적에 포함한다.

④ 부부의 경우 각각 단독세대를 구성하여 각각 1주택을 보유한 경우에도 동일한 세대로 본다.

⑤ 주택의 대지와 건물을 동일한 세대 구성원이 각각 소유하고 있는 경우에는 1세대 1주택으로 본다.

85 다음은 양도소득세 비과세에 대한 다음의 설명 중 틀린 것은?

① 국내에 1주택을 소유한 1세대가 종전주택을 취득한 날로부터 1년이 지난 후 다른 주택을 취득함으로써 일시적인 2주택이 된 경우에는 다른 주택을 취득한 날로부터 3년 이내에 종전의 주택을 양도하는 경우에는 이를 1세대 1주택으로 보아 비과세 규정을 적용한다.

② 상속받은 주택과 일반주택을 국내에 각각 1개씩 소유하고 있는 1세대가 일반주택을 먼저 양도하는 경우에는 1세대 1주택으로 보아 비과세 규정을 적용한다.

③ 영농의 목적으로 취득한 귀농 주택으로서 수도권 밖의 지역 중 면 지역에 소재하는 주택과 일반주택을 국내에 각각 1개씩 소유하고 있는 1세대가 귀농 주택을 취득한 날부터 5년 이내에 일반주택을 양도하는 경우에는 국내에 1개의 주택을 소유하고 있는 것으로 보아 비과세 규정을 적용한다.

④ 근무상 형편 등으로 취득한 수도권 밖에 소재하는 주택과 일반주택을 국내에 각각 1개씩 소유하고 있는 1세대가 부득이한 사유가 해소된 날부터 3년 이내에 일반주택을 양도하는 경우에는 국내에 1개의 주택을 소유하고 있는 것으로 보아 비과세 규정을 적용한다.

⑤ 1주택을 보유하는 자가 1주택을 보유하는 자와 혼인함으로써 1세대 2주택을 보유하게 되는 경우 혼인한 날로부터 5년 이내 먼저 양도하는 주택은 1세대 1주택으로 보아 비과세 규정을 적용한다.

86 다음 중 양도소득세를 과세하지 않는 경우는? (단, 조정대상지역이 아님)

① 공부상 주택인 건물(보유기간 2년)을 점포로 사용하다 양도한 경우

② 비거주자로서 1주택을 2년 이상 보유하고 양도하는 경우

③ 근무상의 형편으로 세대전원이 다른 시로 이전함에 따라 1년간 거주한 1주택을 양도한 경우

④ 5년간 보유한 주택을 2 이상의 주택으로 분할하여 양도하는 경우 먼저 양도하는 주택

⑤ 관리처분계획인가일 현재 1년 미만 보유한 기존주택에서 전환된 조합원입주권을 양도한 경우

87 「소득세법」상 거주자가 국내소재 1주택만을 소유하는 경우에 관한 설명으로 틀린 것은?

① 소유하고 있던 공부상 주택인 1세대 1주택을 전부 영업용 건물로 사용하다가 양도한 때에는 양도소득세 비과세 대상인 1세대 1주택으로 보지 아니한다.

② 양도 당시 실지거래가액이 15억원인 법정요건을 충족하는 등기된 1세대 1주택을 양도한 경우 양도차익에 최대 100분의 80의 보유기간별 공제율을 적용받을 수 있다.

③ 임대한 과세기간 종료일 현재 기준시가 15억원인 1주택을 임대하고 지급받은 소득은 사업소득으로 과세된다.

④ 甲과 乙이 고가주택이 아닌 공동소유 1주택(甲지분 40%, 乙지분 60%)을 임대하는 경우 주택임대소득의 비과세 여부를 판정할 때 甲과 乙이 각각 1주택을 소유한 것으로 보아 주택수를 계산한다.

⑤ 법령이 정한 1세대 1주택으로 건축법에 의한 건축허가를 받지 아니하여 등기가 불가능한 주택을 양도한 때에는 이를 미등기 양도자산으로 보지 아니한다.

88 「소득세법」상 양도소득세 비과세에 대한 설명 중 틀린 것은?

① 장기할부조건으로 취득한 자산으로서 그 계약조건에 의하여 양도당시 그 자산의 취득에 관한 등기가 불가능한 자산은 양도소득세 비과세가 배제되는 미등기 양도자산에 해당한다.

② 하나의 건물이 주택과 주택 외의 부분으로 복합되어 있는 경우로서 주택 외의 부분이 주택 부분보다 큰 경우에는 그 주택 부분만 주택으로 본다(단, 고가주택이 아님).

③ 2개 이상의 주택을 같은 날에 양도하는 경우에는 당해 거주자가 선택하는 순서에 따라 주택을 양도한 것으로 본다.

④ 거주자가 조정대상지역의 공고가 있은 날 이전에 매매계약을 체결하고 계약금을 지급한 사실이 증빙서류에 의하여 확인되는 경우로서 해당 거주자가 속한 1세대가 계약금 지급일 현재 주택을 보유하지 아니하는 경우 거주기간의 제한을 받지 아니한다.

⑤ 거주 혹은 보유 중에 소실 등으로 인하여 멸실되어 재건축한 주택은 그 멸실된 주택과 재건축한 주택에 대한 기간을 통산하여 거주 또는 보유기간을 계산한다.

89 다음 중 양도소득세 비과세가 되는 경우로서 옳은 것은?

① 甲이 고등학생 자녀의 취학 관계로 6개월 동안 거주하던 주택을 양도하고 서울로 이사한 경우

② 乙이 실지거래가액이 7억원인 아파트를 6개월 거주하던 중 질병요양 등의 원인으로 양도하고 대전으로 이사한 경우

③ 1년 보유하던 주택이 공공사업으로 수용된 경우

④ 대전광역시에 소재하는 주택을 1년 2개월 동안 보유하고 6개월 동안 거주하던 중 양도한 경우로서 근무상 형편으로 다른 시로 이사한 경우

⑤ 1년 6개월을 보유하고 1년 거주한 주택을 근무상 형편으로 양도하고 동일한 시군으로 주거를 이전한 경우

90 1세대 1주택 비과세에 대한 설명 중 틀린 것은?

① 국내에 주택 1채와 국외에 1채의 주택을 소유하고 있는 거주자 甲이 국내 주택을 먼저 양도하는 경우 2년 이상(거주기간 2년 이상) 보유한 경우 비과세한다.

② 1세대 1주택인 고가주택을 2년 이상 보유·거주한 후 양도한 경우 양도가액 중 12억원을 초과하는 부분의 양도차익에 대해서는 양도소득세가 과세된다.

③ 배우자가 사망하거나 이혼한 경우에는 배우자가 없는 경우에도 1세대로 본다.

④ 1세대 1주택으로서 1년 이상 보유한 주택을 법령이 정하는 취학 등 기타 부득이한 사유로 양도하는 경우에는 보유기간의 제한을 받지 아니한다.

⑤ 1세대를 판단할 때 법률상 이혼을 하였으나 생계를 같이 하는 등 사실상 이혼한 것으로 보기 어려운 경우 동일 세대로 본다.

91 다음은 양도소득세의 신고와 납부에 대한 설명이다. 틀린 것은?

① 양도소득세의 과세기간은 매년 1월 1일부터 12월 31일까지이며 당해 연도의 양도소득금액이 있는 거주자는 확정신고의 경우 당해 연도의 다음 연도 5월 1일부터 5월 31일까지 양도소득 과세표준 확정신고를 하여야 한다.

② 해당 과세기간의 과세표준이 없거나 결손금액이 있는 경우에도 확정신고를 하여야 한다.

③ 양도를 하였는데도 양도차익이 없거나 양도차손이 발생한 경우에도 양도소득세 예정신고를 하여야 한다.

④ 부동산을 양도한 후 양도일이 속한 달의 말일부터 2개월 이내에 예정신고를 하지 아니한 경우에는 무신고가산세가 부과되며 이 경우 확정신고와 관련한 가산세가 다시 부과되지 않는다.

⑤ 「부동산 거래 신고 등에 관한 법률」에 따른 토지거래계약에 관한 허가구역에 있는 토지를 양도할 때 허가를 받은 후 대금을 청산한 경우에는 허가일이 속하는 달의 말일부터 2개월 이내 예정신고를 하여야 한다.

92 다음 중 양도소득세에 대한 설명으로 옳은 것은?

① 거주자가 국내 상가 건물을 양도한 경우 거주자의 주소지와 상가 건물의 소재지가 다르다면 양도소득세의 납세지는 양도자의 주소지이다.

② 예정신고납부를 하는 경우 예정신고 산출세액에서 감면세액을 빼고 수시부과 세액이 있을 때에는 이를 공제하지 아니한 세액을 납부한다.

③ 거주자가 국외 토지를 양도한 경우 양도일까지 계속해서 3년간 국내에 주소를 둔 경우에는 양도소득 과세표준 예정신고를 하여야 한다.

④ 양도소득세 납부세액이 1,000만원을 초과하는 경우 국내 소재 부동산으로 물납이 가능하다.

⑤ 「건축법 시행령」 별표 제1호 다목에 해당하는 다가구주택은 해당 다가구주택을 구획된 부분별로 양도하지 아니하고 하나의 매매단위로 양도하는 경우에는 구획된 구분별로 각각을 하나의 주택으로 본다.

93 다음은 양도소득세에 대한 설명이다. 옳은 것은?

① 거주자가 특수관계인과의 거래에 있어서 시가와 거래가액의 차액이 2억원 이상인 경우로서 토지를 시가에 미달하게 양도함으로 조세의 부담을 부당히 감소시킨 것으로 인정되는 때에는 양도가액을 시가에 의하여 계산한다.

② 부동산을 취득할 수 있는 권리의 양도시 기준시가는 양도일까지 불입한 금액을 말하며 양도일 현재 프리미엄에 상당하는 금액은 포함하지 아니한다.

③ 예정신고납부를 할 때 납부할 세액은 양도차익에서 장기보유특별공제와 양도소득기본공제를 한 금액에 해당 양도소득세 세율을 적용하여 계산한 금액을 그 산출세액으로 한다.

④ 양도소득세 납부세액이 1,600만원인 경우 최대 800만원을 분할납부할 수 있다.

⑤ 양도소득세 분납은 예정신고의 경우에만 적용하고 확정신고의 경우에는 적용하지 아니한다.

94 다음은 양도소득세에 대한 설명이다. 틀린 것은?

① 예정신고기한 내 신고를 하지 않은 경우 확정신고 기한까지 신고를 한 경우에는 무신고가산세의 100분의 50을 경감한다.

② 1주택을 2 이상의 주택으로 분할하여 양도한 경우에는 먼저 양도하는 부분의 주택은 1세대 1주택으로 본다.

③ 예정신고를 한 자는 확정신고를 하지 아니할 수 있다. 다만, 해당 과세기간에 누진세율 적용 대상 자산에 대한 예정신고를 2회 이상 하는 경우로서 이미 신고한 양도소득금액과 합산하여 신고하지 아니한 경우에는 확정신고를 하여야 한다.

④ 거주자가 건물을 신축 또는 증축(증축의 경우 바닥면적 합계 $85m^2$를 초과하는 경우에 한정)하고 신축 또는 증축한 건물의 취득일 또는 증축일로부터 5년 이내 해당 건물을 양도하는 경우로서 감정가액 또는 환산취득가액을 그 취득가액으로 하는 경우에는 해당 건물 감정가액 또는 환산취득가액의 100분의 5에 해당하는 금액을 양도소득 결정세액에 더한다.

⑤ 양도소득세는 납부하여야 할 세액에 대하여는 부가세가 과세되지 아니하고 독립세인 지방소득세 10%가 별도로 과세된다.

95 거주자인 개인 甲이 乙로부터 부동산을 취득하여 보유하고 있다가 丙에게 양도하였다. 甲의 부동산 관련 조세의 납세의무에 관한 설명으로 틀린 것은? (단, 주어진 조건 외에는 고려하지 않음)

① 甲이 乙로부터 증여받은 것이라면 취득일이 속한 달의 말일부터 3개월 이내 취득세를 신고하여야 한다.

② 甲이 乙로부터 부동산을 취득 후 재산세 과세기준일까지 등기하지 않았다면 재산세와 관련하여 乙은 부동산소재지 관할 지방자치단체의 장에게 과세기준일로부터 15일 이내 소유권 변동 사실을 신고하여야 한다.

③ 양도소득세의 예정신고만으로 甲의 양도소득세 납세의무가 확정되지 아니한다.

④ 甲이 乙로부터 부동산을 40만원에 취득한 경우 등록면허세 납세의무가 있다.

⑤ 甲이 종합부동산세를 신고·납부 방식으로 납부하고자 하는 경우 과세표준과 세액을 해당 연도 12월 1일부터 12월 15일까지 관할 세무서장에게 신고하는 때 납세의무가 확정된다.

96 다음은 현행 우리나라 소득세법에 관한 설명이다. 틀린 것은?

① 소득세법상의 거주자는 국내외에서 발생된 소득에 대하여 납세의무를 진다. 다만, 비거주자는 국내소득에 대하여만 소득세의 납세의무를 진다.

② 양도소득에 대한 과세표준은 종합소득 및 퇴직소득에 대한 과세표준과 구분하여 계산한다.

③ 주거용 건물 임대업에서 발생한 결손금은 종합소득 과세표준을 계산할 때 공제한다.

④ 국내에 주소지가 없는 거주자의 경우 소득세 납세지는 국내 원천소득이 발생한 장소이다.

⑤ 국외자산 양도시 납세의무자는 국외자산 양도일까지 계속해서 5년 이상 주소 또는 거소를 둔 자이다.

97 **국외자산 양도에 대한 설명으로 틀린 것은?**

① 국외자산 양도로 발생하는 소득이 환율변동으로 인하여 외화차입금으로부터 발생하는 환차익을 포함하고 있는 경우에는 해당 환차익을 양도소득 범위에서 제외한다.

② 양도차익 계산시 필요경비의 외화환산은 지출일 현재 외국환거래법에 의한 기준환율 또는 재정환율에 의한다.

③ 국외주택 양도소득에 대하여 납부하였거나 납부할 국외주택 양도소득세액은 해당 과세기간의 국외주택 양도소득금액 계산상 필요경비에 산입할 수 있다.

④ 국외자산 양도가액은 실지거래가액이 있더라도 양도당시 현황을 반영한 시가에 의하는 것이 원칙이다.

⑤ 국외자산 양도시 장기보유특별공제는 적용하지 않지만 양도소득기본공제는 적용한다.

98 **다음 중 거주자 甲이 국외자산을 양도한 경우에 대한 설명 중 틀린 것은?**

① 甲이 양도일까지 계속 5년 이상 국내에 주소 또는 거소를 둔 경우에만 양도소득에 대한 납세의무가 있다.

② 국외자산 양도시 미등기 중과세를 적용하지 아니한다.

③ 甲의 국외주택에 대한 양도차익은 양도가액에서 취득가액과 필요경비개산공제를 차감하여 계산한다.

④ 甲의 부동산 양도에 대한 납세지는 甲의 주소지를 원칙으로 한다.

⑤ 국외소재 토지 또는 건물은 공부상 등기·등록 여부와 관계없이 모두 양도소득세 과세대상이 된다.

99 소득세법상 주택임대소득에 대한 설명으로 옳지 않은 것은?

① 주택을 1채만 소유한 거주자가 과세기간 종료일 현재 기준시가 15억원인 주택을 전세금을 받고 임대한 경우에는 과세하지 아니한다.

② 공익사업과 관련하여 지역권·지상권을 대여함으로 발생하는 소득은 사업소득에서 제외한다.

③ 국내 소재 3주택 이상[법령이 정하는 소형주택(기준시가 3억원 이하이고, 전용면적 60m^2 이하)은 제외]을 소유한 자가 받는 주택 임대보증금의 합계액이 3억원을 초과하는 경우 보증금에 대하여 법령에서 정한 산식으로 계산한 금액을 총수입금액에 산입한다.

④ 해당 과세기간에 법령에 정하는 총수입금액의 합계액이 2천만원 이하인 경우에는 분리과세와 종합과세 중 선택하여 적용할 수 있다.

⑤ 국외주택의 경우 주택수와 관계없이 부동산 임대소득 비과세를 적용하지 아니한다.

100 「소득세법」상 거주자의 주택임대소득의 비과세 및 총수입금액에 관한 설명으로 옳은 것은? (단, 주택은 상시 주거용으로 사업을 위한 주거용이 아님)

① 임대하는 국내 소재 1주택의 비과세 여부 판단시 가액은 「소득세법」상 실지거래가액 12억원을 기준으로 판단한다.

② 사업자가 부동산을 임대하고 임대료 외에 전기료·수도료 등 공공요금의 명목으로 지급받은 금액이 공공요금의 납부액을 초과할 때 그 초과하는 금액은 사업소득 총수입금액에 포함하지 아니한다.

③ 본인과 배우자가 각각 국내 소재 주택을 소유한 경우, 이를 합산하지 아니하고 각 거주자별 소유 주택을 기준으로 주택임대소득 비과세 대상인 1주택 여부를 판단한다.

④ 국내소재 3주택을 소유한 자가 받은 주택임대보증금의 합계액이 4억원인 경우, 그 보증금에 대하여 법령에서 정한 산식으로 계산한 금액을 총수입금액에 산입한다.

⑤ 주택을 임대하여 얻은 소득은 거주자가 사업자 등록을 한 경우에 한하여 소득세 납세의무가 있다.

정 답

1	2	3	4	5	6	7	8	9	10
④	②	④	②	③	②	①	①	③	④

11	12	13	14	15	16	17	18	19	20
④	②	③	③	③	④	②	③	③	②

21	22	23	24	25	26	27	28	29	30
⑤	②	②	①	④	③	③	②	④	③

31	32	33	34	35	36	37	38	39	40
③	④	③	⑤	⑤	⑤	②	⑤	①	④

41	42	43	44	45	46	47	48	49	50
④	④	④	②	④	③	④	③	②	⑤

51	52	53	54	55	56	57	58	59	60
①	①	②	⑤	④	⑤	③	②	③	③

61	62	63	64	65	66	67	68	69	70
①	④	⑤	②	②	⑤	③	③	③	④

71	72	73	74	75	76	77	78	79	80
①	①	①	②	②	④	⑤	④	②	④

81	82	83	84	85	86	87	88	89	90
④	②	③	②	⑤	③	④	①	③	④

91	92	93	94	95	96	97	98	99	100
⑤	①	③	②	③	④	④	③	③	④

MEMO

제36회 공인중개사 시험대비 **전면개정**

2025 박문각 공인중개사
이혁 파이널 패스 100선 2차 부동산세법

초판인쇄 | 2025. 8. 5.　**초판발행** | 2025. 8. 10.　**편저** | 이혁 편저
발행인 | 박 용　**발행처** | (주)박문각출판　**등록** | 2015년 4월 29일 제2019-000137호
주소 | 06654 서울시 서초구 효령로 283 서경 B/D 4층　**팩스** | (02)584-2927
전화 | 교재 주문 (02)6466-7202, 동영상문의 (02)6466-7201

저자와의
협의하에
인지생략

정가 18,000원
ISBN 979-11-7519-057-3